고민되면 펴보세요

쿠캣 지음

오늘 뭐먹지

고민되면 펴보세요

중앙books

PROLOGUE

음식,
너와 나의 연결고리
혼밥의 시대 속에
쿠캣이 들려주는 이야기

8년 전, 드라마 때문에 파스타에 꽂힌 적이 있습니다. 언젠가 써먹으려고 '알리오 에 올리오'를 마스터할 때까지 1일 1파스타를 해보기로 다짐했죠. 하지만 블로그에 올라온 불친절한 레시피만 보고 따라 하기엔 생각보다 만만치 않았습니다. 면수는 어느 정도가 적당한지, 소금 간은 어떻게 하는지, 간단한 것들조차 요리 초보 입장에선 따라 하기 쉽지 않더군요. 매일 조금씩 개선해 나가며 그럴듯한 파스타를 완성할 때까지 무려 한 달이나 걸렸습니다.

이때의 경험은 '쿠캣' 채널을 만드는 계기가 되었습니다. 저처럼 요리에 서툰 사람들을 위해 쉽게 따라 할 수 있는 레시피 영상이 필요하다고 생각했습니다. 때마침, 2015년을 전후해 영상 콘텐츠가 대중화되면서 다양한 레시피 채널이 영미권을 중심으로 등장하기 시작했습니다. 하지만 재료와 조리법이 달라 이들 채널이 아시아 유저들의 반응을 얻지는 못했죠. '쿠캣'이 등장한 건 그때였습니다. 많은 공감과 지지를 얻은 덕에, 쿠캣은 2년 반이라는 짧은 시간 동안 1,700만 명이 구독하는 아시아 No.1 요리 채널로 성장할 수 있었습니다.

아시아에서 가장 큰 요리 채널을 운영하다 보니, 이런저런 연락이 날아오곤 합니다. 가장 자주 접하는 반응은 쿠캣 콘텐츠를 보고 요리를 해봤다는 인증사진인데, 여간 뿌듯한 게 아닙니다. 우리가 많은 이들의 '먹는 즐거움'에 보탬을 준다는 사실이 피부로 와 닿기 때문입니다. 그중에서도 유독 기억에 남는 일은, 손자들을 위해 쿠캣 레시피를 따라 간식을 만들었다는 60대 할머니의 소식을 들었던 것입니다. 행복한 얼굴들이 눈에 선했습니다. 어쩌면 음식이란 것은 사람과 사람 간의 연결고리가 될 수도 있겠다는 생각을 하게 됐죠.

혹시는 왜 모바일 시대에, 모바일 콘텐츠 회사가 아날로그식 요리책을 출간하는지 궁금해할지도 모르겠습니다. 이미 쿠캣은 하루에도 수백, 수천만의 사람들에게 음식 콘텐츠를 보여주고 있지만, 우리는 좀 더 욕심을 내보려고 합니다. 모바일 콘텐츠가 미치지 못하는 곳에도 우리의 메시지가 닿기를 바라면서요. 누구나 선뜻 요리를 할 수 있도록 자극을 주는 동시에, 흥미로운 정보의 창구가 되고자 하는 것이죠. 혼밥의 시대, 더 많은 이들이 우리 콘텐츠를 통해 대화의 물꼬를 틀 수 있다면 더없이 행복하겠습니다.

쿠캣 대표 이문주

CONTENTS

후다닥 한 끼

밥
밥 먹자, 오늘 밥을 한 끼도 못 먹었어

베이컨주먹밥 57
스팸메추리알주먹밥 58
대패주먹밥 60
삼겹살김밥 62
쌈장삼겹살김밥 64
돈가스크림치즈김밥 66
스팸김밥 68
스팸마리 70
비빔밥김밥 72
UFO김치볶음밥 74
베이컨깍두기볶음밥 76
콘치즈볶음밥 77
김치차돌필라프 78

삼겹살볶음밥 80
떡볶이볶음밥 81
스팸치킨마요덮밥 82
버터장조림덮밥 83
간장새우밥 84
갈비찜덮밥 86
소고기튀김덮밥 87
밥버거 88
버거김밥 90
불고기치즈뚝배기밥 92
베이컨치즈밥 94
오므라이스 95

면
밥은 지겨워, 면으로 입맛을 돋워볼까?

잔치국수 99
차돌잔치국수 100
돼지고기비빔국수 102
열무비빔국수 104
쟁반막국수 105
닭우동 106

주꾸미볶음우동 108
갈비우동 110
육개장칼국수 112
제육볶음칼국수 114

양식

**오늘
한식 느낌은
아냐
파스타 어때?**

고추참치파스타 119
스테이크크림파스타 120
새우까수엘라파스타 122
돈가스파스타 124
샐러드파스타 126
치즈버거마카로니 127
키조개크림리소토 128
볼로네제라자냐 130

목살스테이크샐러드 132
삼겹살스테이크 134
피자햄버그스테이크 136
새우크림퐁듀 137
콘치즈달걀피자 138
통새우치즈케사디야 140
크루아상불고기버거 142
몬테크리스토버거 144

일식 & 중식

**밥이나
파스타 말고
뭐 특별한
한 그릇 없을까?**

치즈돈가스 149
크림카레우동 150
멘츠카츠 152
스팸돈부리 153
삼겹차슈덮밥 154
야키소바 156
냉소바 158
치즈함박덮밥 159
채소카레라이스 160
스키야키 162
된장닭구이 164
명란크림우동 166
오코노미야키 168

달걀 품은 아보카도 170
타마고산도 172
고추짜장면 174
부추짬뽕 176
평양고추볶음밥 178
칠리새우 179
유린기 180
동파육 182
마파두부밥 184
난자완스 186
사천식 바지락볶음 188
고추깐풍기 190

한 끼 말고 반 끼 간식

간식

출출한데, 간단한 간식으로 한 끼 때워볼까?

창동 할머니 토스트 195	고구마찹쌀도넛 208
길거리토스트 햄스페셜 196	못난이콘도그 210
베이컨토스트롤 198	콘치즈만두 212
차돌박이떡볶이 200	더블치즈햄 팬케이크 214
파삼겹떡볶이 202	롱치즈스틱 216
기름떡볶이 204	베이컨치즈볼 218
마늘떡볶이 205	치즈볼 220
왕떡볶이 206	옥수수튀김 221
짜장떡볶이 207	인절미치킨 222

밥 대신 한 끼 안주

술안주

안주 하나 만들어서 식사 겸 술 한잔 어때?

갈비대왕치킨 227	통양파튀김 254
치즈등갈비 228	삼겹살튀김 256
치즈닭갈비 230	점보새우튀김 258
치즈불닭 232	고추튀김 260
치즈새우촌닭 234	명란크로켓 262
찹스테이크 236	치즈볶음닭 264
치즈닭꼬치 240	삼겹살치즈말이 266
속초 중앙시장 닭꼬치 241	골뱅이무침 267
떡갈비꼬치 242	도토리무침과 묵밥 268
통마늘새우꼬치 243	소면낙지볶음 270
삼겹살시시케밥 244	콩불 272
치즈몽실탕수육 246	대패삼겹살숙주볶음 274
소시지달걀말이 248	빨간어묵 276
참치김치달걀말이 250	화산폭발 치즈달걀찜 278
명란달걀말이 252	진미채버터구이 279

주말엔 제대로 한 끼

일품 요리

오늘은 친구들 불러서 집에서 해 먹을까?

김치찌개 283
차돌박이된장찌개 284
차돌박이강된장 286
갈치조림 288
꽃게탕 290
만두부짜글이 292
햄폭탄부대찌개 293
소고기국밥 294
차돌박이찜 296

김치삼겹살꽃찜 297
백설기소갈비찜 298
치즈단호박갈비찜 300
해물찜 302
마늘제육볶음 304
오징어보쌈 306

밥 먹고 디저트

디저트

멀리 가지 말고, 집에서 도전해보자!

녹차크레이프케이크 311
오레오치즈케이크 312
떠먹는 고구마케이크 314
당근케이크 316
딸기크림치즈케이크 318
딸기티라미수 320
딸기브라우니 322
누텔라머핀 324
그린티홉슈크림 326
홈메이드초코바 330
오레오 & 누텔라추로스 332
오레오아이스박스케이크 334
오레오아이스샌드 336
파베초콜릿 337
홈메이드 마시멜로 338

말차모찌 340
초코모찌 341
녹차인절미 342
당고 344
버터링쿠키 346

1

인기 메뉴는 따로 있다!
실패 없는 조리를 위한 룰 Top 7

쿠캣에서 다년간, 수천 개의 요리와 레시피를 업로드하고
실시간으로 구독자의 반응에 귀 기울여보니
즉각적인 반응, 열광적인 반응, 두고두고 회자되는 인기 메뉴는 따로 있었습니다.
그리고 그 데이터베이스를 분석해보니 인기 메뉴에는 특별한 불문율이 존재했지요!
어떤 요리에도 두루 적용 가능한, '이렇게 만들면 맛없을 수 없다!' Top 7을 소개합니다.

1 스팸이나 참치캔을 활용하라

신선한 제철 재료로 만든 요리들도 반응이 좋았지만, 스팸이나 참치캔을 사용해 간단하게 조리하고, 다양하게 응용할 수 있는 요리들이 높은 조회수를 기록했다.
스팸으로 예를 들면, 잘게 다져 주먹밥에 넣고, 길게 썰어 달걀말이를 만들고, 얇게 잘라 구우면 한 끼 식사가 거뜬히 해결된다. 요리가 어려운 초보에게 실패 확률이 작은 재료만큼 반가운 것은 없다.

2 양념장을 만들 때도 순서가 있다

설염초장! '설'은 설탕, '염'은 소금, '초'는 식초, '장'은 된장·간장·고추장을 말한다. 설탕→소금→식초→간장 순서대로 넣으면 훨씬 맛있는 양념장을 만들 수 있다. 설염초장을 기준으로 다른 양념 재료를 넣는다. 청주나 미림은 설탕, 소금 다음에 들어가는 것이 좋고, 장류는 간장→된장→고추장 순으로 넣는 것이 좋다. 참기름이나 들기름은 조리가 끝난 후 불을 끄고 마지막에 살짝 둘러야 더욱 고소하다.

3 매운 요리엔 부드러운 모차렐라 치즈를!

매운 요리를 좋아한다면 이와 찰떡궁합인 모차렐라 치즈를 늘 갖추어놓자. 입안을 얼얼하게 만드는 매운 요리는 쫀득하게 늘어나는 고소한 치즈와 함께 먹으면 맛이 배가 된다. 소분한 치즈를 한 봉지로 묶어 판매하는 제품들이 많아 한 번 구입하면 여러 번 다양하게 쓸 수 있다.

4 고기는 씹는 맛이 느껴지도록 도톰하게 썰어라

찌개를 끓이거나 볶음요리를 할 때 인심 좋게 돼지고기 숭덩숭덩 썰어 넣으면 그 속에서 감칠맛이 우러나와 별다른 부재료 없이도 구수하고 깊은 맛이 난다. 참고로 쿠캣팀은 요리할 때 찌개용 고기보다는 필요한 양만큼 덩어리로 구입해서 요리하기 직전 도톰하게 잘라 사용한다.

5 마늘을 십분 활용하라

마늘은 모든 음식의 기본이다. 제대로 된 맛집은 양질의 마늘 사용에 주력한다는 속설이 있을 정도다. 특히 한식 요리에서 중요한 역할을 차지해 마늘이 빠지면 어딘가 부족한 맛이 날 때가 많다. 하다못해 라면을 끓일 때도 다진 마늘을 조금 넣으면 국물 맛이 훨씬 얼큰하고 개운하다. 양식이나 중식 요리에도 마늘은 중요하다. 특히 파스타나 중식 볶음요리를 만들 때 기름에 마늘을 볶아 향을 내면 풍미가 좋아진다. 요리 초보라면 마늘을 활용해 맛깔스러운 요리에 도전해보자.

마늘을 써는 모양에 따른 활용도

편 썰기
볶음요리나 튀김요리를 할 때

으깬 마늘
고기 양념을 만들 때, 중국식 요리를 할 때

곱게 다진 마늘
국, 나물무침, 양념, 고기 재울 때

마늘 채
맑은 국에 넣을 때(깔끔한 국물을 원할 때), 매운 마늘로 쌈을 싸 먹을 때

다진 마늘
기름에 볶는 요리를 할 때

간 마늘
나물을 무칠 때

6 먹고 남은 국물이나 양념을 활용하라

배불리 먹고 남은 요리의 국물이나 양념은 다른 요리로 무한 변신할 수 있다. 샤부샤부를 먹고 난 후 국물이 남았다면 소고기와 무를 넣어 끓여보자. 훌륭한 소고기뭇국으로 재탄생한다. 또 남은 김치찌개에 라면, 수프 ½큰술, 물, 각종 햄을 넣으면 부대찌개가 뚝딱 완성된다. 양념치킨을 먹고 소스가 남았다면 냉동실에 있는 떡과 매치해보자. 기름을 넉넉하게 두른 팬에 떡을 튀기듯이 볶은 후 남은 양념치킨 소스를 부어 강불에서 볶으면 매콤달콤한 떡볶음을 즐길 수 있다.

7 불불불, 핵심은 불 조절이다

신선한 재료, 맛깔나는 양념 등 요리를 맛있게 만들려면 다양한 조건이 필요하다. 하지만 불을 잘 이용할 수 있다면 요리 수준은 한층 더 높아진다. 보통 볶음요리는 재료의 숨이 죽기 전에 강불에서 휘리릭 빠른 시간 내에 조리해야 하고, 부드러운 달걀찜이나 폭신한 팬케이크 같은 요리는 약불을 얼마나 잘 사용하느냐가 완성도를 좌우한다. 라면의 경우 강불에서 빠른 시간 내에 면을 고루 흔들어가며 끓여야 꼬들꼬들하고 탄력 있는 면발을 즐길 수 있다.

불 조절 간단 공식

볶음요리
강불로 요리한다. 채소의 숨이 죽거나 양념이 쪼그라들어 염도가 올라가기 전에 재료들을 순서대로 넣어 쓱쓱 볶아 빠르게 마무리한다.

조림요리
중불에서 시작해 끓어오르면 약불로 줄여 간이 속까지 잘 밸 때까지 시간을 두고 천천히 조리한다.

튀김요리
수시로 온도 체크가 답이다. 집에서 하는 튀김은 업소보다 기름의 양이 적기 때문에 온도가 수시로 변한다. 적정한 온도를 확인하고 재료를 넣어 튀기더라도 불을 낮추지 않으면 이미 온도는 더 올라 밑바닥이 까맣게 탈 수 있다. 보통 160~180℃로 시작하되 가장자리가 익기 시작하면 불을 살짝 줄여 알맞은 온도를 끝까지 유지한다.

2

실패 없는 요리를 위한
상비 재료

매일 요리를 하다 보면 빈번히 사용하는 재료들이 있습니다.
요리 국적을 불문하고 많이 쓰는 고기와 채소,
요리하기 싫을 때 구원투수가 되어주는 인스턴트식품, 맛깔스러운 맛을 내는 양념까지!
갖추고 있으면 든든하고, 어떤 요리에도 응용할 수 있는 재료들을 소개합니다.
싱싱하게 오랫동안 보관하는 팁은 덤!

주재료

1 소고기 및 돼지고기

- 소고기와 돼지고기는 형태에 따라 보관 방법과 기간이 달라진다. 고기 표면에 식용유를 골고루 발라 냉동 보관하면 고기의 수분과 색이 쉬이 변질되지 않는다.
- **큰 덩어리 고기** 냉장 3~4일. 냉동 3~4개월 이내. 가열했을 때 수축되지 않도록 고기와 지방 사이에 직각으로 칼집을 낸 뒤 보관한다.
- **두툼하게 토막 낸 고기** 냉장 2~3일. 냉동 3~4개월 이내. 한꺼번에 뭉쳐서 보관하면 해동 시간이 오래 걸린다. 약 1회 분량으로 소분해 랩으로 말아 보관한다.
- **대패처럼 얇게 썬 고기** 냉장 1~2일. 냉동 3~4개월 이내. 1회 분량씩 소분해 유산지나 종이호일을 넣어 평평하게 쌓은 뒤, 랩으로 감싸 냉동한다.
- **다진 고기** 당일 사용할 것은 냉장. 냉동 2~3개월 이내. 1회 분량으로 소분해 최대한 납작하게 눌러 랩으로 감싼 뒤 지퍼백에 넣어 냉동한다.

2 닭고기

- 닭고기는 다른 육류에 비해 유통기한이 짧아 당일 바로 요리하는 것이 좋다. 장기간 보관해야 할 경우 최대 4개월까지 냉동 보관할 수 있다.
- 순살 닭고기는 두께가 일정하지 않으면 냉동 및 해동이 고르게 되지 않으므로 일정한 두께로 잘라서 냉동한다.
- 냉동한 닭고기는 전자레인지에 해동하면 육즙이 빠져나와 뻑뻑해지므로, 하루 전날 냉장실에서 서서히 해동한다.

3 베이컨

- 생고기에 비해 보관이 용이하다.
- 종이호일에 1인분씩 소분한 후 말아서 비닐팩에 넣어 냉동 보관하면, 공기와의 접촉을 막고, 떼어서 쓰기에도 편리하다.

4 새우

- 새우는 꼬리 끝에 붙어 있는 물주머니, 머리, 다리, 수염을 제거하고 껍데기를 벗긴 후 등에 칼집을 넣어 내장을 빼 손질한다.
- 냉장 보관 기간은 1~2일이며, 옅은 소금물에 씻어서 바로 냉장 보관하거나 살짝 데쳐서 식힌 후 보관한다.
- 냉동 보관 기간은 3~4개월이며, 내장까지 깨끗하게 손질해 1회 분량으로 소분한 뒤 비닐팩에 담아 냉동 보관한다. 칵테일 새우처럼 작은 새우는 살짝 데쳐 냉동하면 수시로 다양한 요리에 활용할 수 있다.

5 김치

- 김치는 봉투와 김치 통을 사용해 이중 보관하는 것이 가장 좋다. 김치 통에 비닐을 넉넉히 깔아 김치를 담고, 김치국물에 배추가 충분히 잠기게 한 뒤 공기에 노출되지 않도록 잘 밀폐시킨다. 혹 잘못 보관해 김치 위에 흰 곰팡이가 생겼더라도 놀라지 말자. 흰 곰팡이는 인체에 무해하기 때문에 그 부분만 제거하면 된다.
- 김치는 냉장실에 장기간 보관하는 것보다 먹기 좋게 썰어 반찬 통에 담길 정도로 소분해 이중 포장 후 냉동 보관하면 좋다. 해동해 바로 먹으면 맛에 크게 차이가 나지 않지만, 해동한 김치는 장기간 보관이 어려우므로 먹을 만큼씩만 꺼낸다.

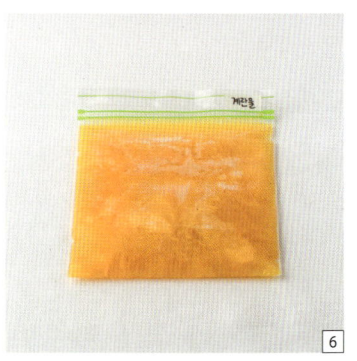

6 달걀

- 달걀이 숨을 쉴 수 있도록 공기층이 있는 달걀의 둥근 부분을 위쪽으로 향하게 세워, 냉장고 안쪽 선반에 보관한다. 냄새가 강한 식재료를 옆에 두지 않는다.
- 달걀을 냉동 보관하면 팽창해 껍질이 깨지기 쉽다. 달걀을 풀어 냉동하면 일반 달걀물처럼 사용할 수 있다.
- 달걀을 씻으면 보호막이 깨져 오염 물질이 침투하기 쉽다. 그러므로 달걀은 씻지 않고 보관한다.

7 모차렐라 치즈

- 모차렐라 치즈는 유통기한이 짧다. 냉장 보관할 경우 개봉 당일 바로 사용하고, 양이 많다면 1회 분량으로 나누어 지퍼백에 담아 냉동한다.
- 프레시 모차렐라 치즈는 담겨 있는 물을 버리지 않고 유통기한 내에 냉장 보관한다. 냉동 보관할 때는 물을 버리고 치즈를 잘라 지퍼백에 담아 보관한다.

부재료

1 양배추

- 양배추는 자른 후 물에 담그면 비타민이 손실될 수 있으므로 통째로 씻은 후 썬다.
- 겨울에는 실온 보관이 가능하지만, 온도와 습도가 높은 여름에는 냉장 보관하는 것이 좋다.
- 양배추 심지에 수분이 유지되면 시들지 않고 신선함을 유지할 수 있다. 칼끝으로 심을 살짝 도려내고, 젖은 키친타월로 그 부분을 막아 신문지로 감싸 냉장 보관한다.
- 양배추를 그대로 냉동하면 영양소가 손실되므로 살짝 삶아 냉동한다. 영양소 손실도 막을 수 있고 아삭한 식감을 그대로 유지할 수 있다.

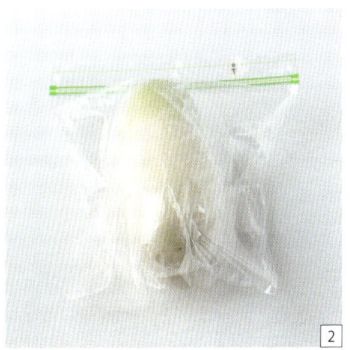

2 무

- 공기에 닿으면 무에 바람이 들어 오래 보관하기 어렵다. 랩이나 신문지에 감싼 뒤 비닐팩에 한 번 더 넣어 이중 포장한다.
- 자투리 무나 토막 낸 무를 지퍼백에 평평하게 넣어 냉동 보관하면 육수용으로 쓰기에 좋다. 살짝 데친 무를 냉동하면 식감이 변하지 않아 여러 요리에 활용할 수 있다.
- 냉동으로 한 달 이상 보관할 수 있지만, 무가 푸석푸석해지므로 가능한 한 빠른 시일 내에 먹는다.
- 겨울에는 바람이 안 드는 서늘한 곳에 보관하고, 여름에는 냉장 보관한다.

3 감자

- 감자는 햇빛을 받으면 녹색으로 변하므로 서늘한 그늘에 보관한다. 감자 사이에 사과 1개를 넣어두면 감자의 싹이 자라는 것을 방지할 수 있다. 냉장 보관하면 영양이 손실되고, 전분이 당분으로 변해 단맛이 높아지므로 되도록 실온에 보관한다.
- 냉장 보관할 경우 씻지 않은 감자를 신문지에 말아 공기를 빼서 밀봉한다. 껍질 벗긴 감자의 갈변을 막으려면 물에 담가 전분기를 빼고 물기를 제거한 후 밀봉해서 보관한다.
- 생감자를 냉동 보관하면 색이 변하므로, 끓는 물에 50% 정도 익혀 물기를 제거한 후 냉동 보관한다. 이때 요리 용도에 맞게 손질해서 보관하면 더욱 편리하다.

4 양파

- 온도가 낮은 계절에는 밀봉하지 않고 환기가 잘되는 곳에 실온 보관한다. 이때 양파가 서로 눌리면 무르기 쉬우니 주의한다. 여름철에는 개별로 신문지에 감싸 냉장 보관한다.
- 양파를 냉동 보관하면 매운맛이 줄어들고, 대신 단맛이 더 올라온다. 그러므로 볶음요리를 할 때에는 냉동한 양파를 사용하는 게 맛 내기에 좋다. 트레이에 용도에 맞게 썬 양파를 올려 얼리고 냉동용 지퍼백에 옮겨 공기를 빼내고 보관한다.

5 대파

- 장기간 보관하고 싶다면, 뿌리에 흙이 있는 상태로 씻지 말고 신문지에 둘둘 말아 냉장 보관한다.
- 단기간 내에 사용할 대파는 깨끗하게 씻어 흰 부분, 초록 부분으로 나눈 뒤 물기를 닦아 키친타월을 깐 밀폐용기에 담아 냉장 보관한다.
- 뿌리는 흙과 물기를 제거하고 냉동 보관해 육수용으로 사용한다. 요리 용도에 알맞게 자른 대파를 지퍼백에 평평하게 깔아 냉동 보관하면 편리하게 사용할 수 있다.

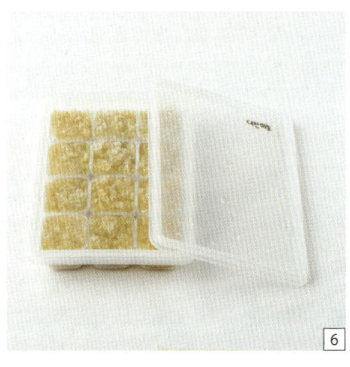

6 마늘

- 깐 마늘은 물기를 제거하고 키친타월을 깔아 밀폐용기에 보관한다.
- 다진 마늘은 비닐에 담아 1회 분량씩 구획을 나누어 냉동 보관하거나, 얼음 틀에 담아 얼려두면 한 개씩 꺼내 쓰기에 좋다.

7 청양고추

- 물기를 제거한 뒤, 신문지로 감싸 비닐팩에 넣어 냉장 보관한다. 씨를 빼고 보관하면 더 오래 보관할 수 있다.
- 요리 용도에 알맞게 썰어 1회 분량으로 소분해 냉동 보관한다.
- 냉동 보관할 때는 지퍼백보다 밀폐용기를 사용해야 수분 손실이 적다.

양념

1 소금
소금은 요리에 꼭 필요한 기본 재료로 깔끔하게 간을 맞추기에 좋다. 보통 천일염 하나로 충분하다.

2 설탕
설탕은 음식의 색과 맛을 해치지 않는 재료다. 양념할 때 가장 먼저 넣으면 음식의 풍미를 더욱 향상시킨다.

3 후추
고기나 채소에 소금과 함께 많이 사용된다. 향으로 음식의 풍미를 더해주며 주로 통후추나 후춧가루 형태로 많이 사용한다. 가루보다는 통후추를 직접 갈아 쓰는 것이 더 좋다.

4 간장
콩을 발효해 만든 액상 조미료로 소금과는 다른 짠맛으로 음식의 깊은 맛을 더한다. 보통 진간장, 국간장을 많이 사용하며 양조간장이나 쯔유도 자주 쓰인다.

5 고추장
고추장은 다른 양념과 어우러질 때 풍미가 배가 된다. 가장 많이 쓰는 찹쌀 고추장은 특유의 맵고 칼칼한 맛으로 간을 맞출 뿐만 아니라 향신료 역할도 한다.

6 된장
된장은 콩을 발효해 만든 천연 조미료로, 재료의 비린내를 제거하고 간을 내며 깊고 진한 맛을 더한다.

7 기름
포도씨유, 카놀라유 등 열매에서 채취한 식물성 기름은 맛과 향이 좋아 구이나 튀김뿐만 아니라, 샐러드, 각종 소스 등에 활용할 수 있다.

8 굴 소스
굴을 발효해 만든 중식 소스다. 볶음이나 조림요리에 넣으면 적은 양으로도 독특한 풍미와 감칠맛을 더한다. 많이 넣으면 짤 수 있으니 양 조절에 주의한다.

9 고춧가루
한식 양념의 대표적인 향신료로 음식의 매운맛과 붉은 색깔을 낸다. 입자가 고운 국산 고춧가루를 사용하는 것이 가장 좋다.

10 식초
신맛을 내는 대표적인 조미료로 살균 작용과 방부 효과가 있으며, 상큼한 산미로 음식의 감칠맛을 더한다. 무침요리나 음료를 만들 때 흔히 사용한다.

11 참기름
참깨를 볶아 압착해 짜낸 기름으로, 색이 짙고 특유의 고소한 향미가 난다. 양념이나 음식의 마무리에 살짝 첨가하면 입맛을 돋워준다.

12 버터
베이킹을 할 때 많은 양이 사용되지만 조리할 때도 좋다. 향신료와 함께 사용하면 음식의 향과 고소함, 풍미가 좋아진다.

13 케첩
토마토 베이스에 여러 가지 향신료를 넣어 만든 소스로, 시큼하면서도 달콤한 맛이 난다. 피자, 핫도그, 튀김 등을 먹을 때 느끼한 맛을 잡아준다.

상비 재료

1 파스타 면
간을 맞춘 육수와 메인 재료, 파스타 면만 준비되어 있다면 근사한 식탁을 차릴 수 있다. 갑자기 찾아온 손님에게 간편하지만 완성도 높은 요리를 대접할 수 있다.

2 라면
조리가 쉽고 유통기한이 길 뿐만 아니라 부재료도 다양하다. 이제는 없어서는 안 될 귀중한 주식으로 자리하고 있다.

3 젓갈
한국의 대표적인 수산 발효 식품이다. 짭짤한 감칠맛으로 흰 쌀밥과 궁합이 아주 좋다. 입맛 없을 때 냉장고에서 바로 꺼내 먹기 딱이다. 요리 활용도도 은근히 높다.

4 냉동 만두
밥하기 귀찮을 때 활용도 높은 만두가 구비되어 있으면 메뉴 고민을 덜 수 있다.

5 김
음식의 데코부터 메인 재료까지 남녀노소 모두의 입맛에 맞는 식재료다.

6 즉석밥
다양한 음식에 즉시 활용할 수 있어 즉석밥의 소비량은 꾸준히 늘고 있다. 많은 양의 밥을 짓기가 부담스러운 1인 가구나 맞벌이 가구에 유용하다.

7 식빵
냉동으로 한 달까지도 보관이 가능한 식빵은 즉석밥 못지않은 상비 재료다.

3

주말 활용!
1인 가구를 위한
재료 구입 요령

주말을 활용해, 늘 있으면 유용한 상비 재료와 신선한 식재료를 장 보세요.
싸고 질 좋은 재료들을 보면 이것저것 해먹을 수 있을 것 같아
척척 카트에 담지만 현실은 늘 버리는 게 반!
재료를 낭비하지 않게 효율적으로 장 보는 법을 소개합니다.

Check 1.
먼저 식단표를 작성하자

식단표를 작성하면 매일 무엇을 먹을지에 대한 고민이 사라진다. 그리고 재료를 살 때 충동구매를 줄일 수 있어 식비가 절약된다. 직접 새로 만들 요리, 냉장고 속 밑반찬, 반조리 혹은 완조리 식품 등을 밸런스 있게 구성해 합리적이고 현실적인 식단표를 작성해보자.

Check 2.
어디서 어떻게 구입하는 게 경제적일까?

장을 볼 때 한 번에 많이 사놓는 것이 경제적이라 느낄 수 있지만 꼭 그렇지만은 않다. 재료마다 저렴하게 살 수 있는 구입처가 다르고, 양도 조절해서 사야 낭비 없이 오래 보관할 수 있다. 많이 사서 결국 버리는 건 결코 경제적인 방법이 아니다.

- **시장** 제철에 나오는 과일, 채소, 해산물 등 신선한 재료들을 소량 혹은 대량으로 저렴하게 구매할 수 있다. 베테랑 상인들이 직접 손질한 식재료를 넉넉하게 담아주는 시장 인심도 느낄 수 있다. 시장 곳곳에 자리한 다양한 제철 재료들을 직접 눈으로 비교하며 둘러보는 재미는 덤!
- **마트** 마트의 최대 장점은 냉동식품, 레토르트 식품, 손질된 재료, 육류, 채소, 조리도구 등 갖가지 요리 재료를 한곳에서 구매할 수 있다는 점이다. 같은 식재료라도 봉지째로 판매하는 것, 직접 낱개로 골라 담는 것 등이 있어 비교하며 구매하기에 좋다.
- **백화점** 가격 부담이 있지만, 친환경, 유기농 등의 품질 좋은 물건을 구하고 싶다면 백화점을 추천한다. 외국 식재료, 허브류 등 평소 마트에서 구하기 어려운 다양한 재료들을 만날 수 있다.
- **홈쇼핑** 비교적 보관 기간이 길고, 저렴한 가격으로 대량 구매를 할 수 있다. 주로 레토르트 식품, 냉동식품의 종류가 많아 요리할 시간이 없는 사람들에게 적합하다.
- **인터넷** 1인 가구에 초점을 맞춰 소량으로 손질된 채소를 판매한다. 재료의 자세한 크기와 중량, 용도, 레시피가 함께 표시되어 있어 선택이 편리하다. 대용량으로도 판매하고, 배송도 빨라 시간 제약이 많은 직장인들에게 큰 도움을 준다.

채소류

감자
껍질이 노랗고 신선하게 윤기가 나는 것. 싹이 나지 않고 단단하며 형태가 균일한 것이 좋다. 봉지에 든 감자가 좀 더 저렴하지만, 알이 굵고 질이 좋은 감자를 구매하고 싶다면 낱개로 직접 골라 담는 것이 좋다.

양파
껍질이 말라 있으며, 알맹이가 단단한 것이 좋다. 머리 부분이 무르거나 줄기가 자라난 양파는 고르지 않는다. 양파를 자주 요리에 사용한다면 4~6개가 들어 있는 손질 안 된 양파 1망을 구입하는 것이 경제적이고, 바로 쓸 소량의 양파를 원한다면 껍질을 벗겨내고 뿌리를 잘라 깔끔하게 손질해 2~3개씩 소량으로 포장된 진공포장 상품이 더 편리하다. 1인분 요리에는 보통 양파 ¼~⅓개가 들어가기 때문에 손질된 양파 1팩이면 대략 3번 정도의 요리를 할 수 있다.

당근
색이 선명하고 파인 부분이 없는 것이 좋은 당근이다. 요리 시 많은 양을 사용하지는 않으므로 1~2개 정도 낱개로 사도 충분히 오랫동안 쓸 수 있다. 남은 당근은 하나씩 신문지에 돌돌 말아 지퍼백에 넣어 보관한다.

무
찬바람이 불기 시작하는 가을부터 겨울까지 무는 가장 연하고 단맛이 강하다. 무의 녹색 부분이 중간 정도에 위치하고 확실한 색의 경계가 있으며, 표면이 매끄럽고 살짝 눌렀을 때 단단한 것이 좋다. 무의 양과 보관이 부담스럽다면, 껍질 제거는 물론 세척해 진공포장된 소포장 무를 구입한다.

콩나물
콩나물 1봉지는 보통 200g 이상부터다. 콩나물도 많이 남는 재료라서 보관이 중요하다. 밀폐용기에 콩나물을 담고 두부처럼 물에 담가두면 좀 더 오래 보관할 수 있다.

양배추
들었을 때 단단히고 묵직한 무게가 느껴지며, 바깥쪽 푸른 색의 겉잎이 그대로 붙어 있는 것이 싱싱하다. 양배추는 신선한 상태가 오래가지 않으니 소량으로 잘라 판매하는 것을 구매해 바로 사용한다.

양상추
크기에 비해 가벼운 것으로 고른다. 칼을 쓰기보다는 손으로 먹기 좋게 뜯어 요리하고, 중간에 묵직한 심을 칼로 도려내면 더 오랫동안 보관할 수 있다.

상추 / 깻잎

한 묶음씩 소량으로 담아놓은 상품 혹은 100g씩 무게를 달아주는 코너에서 최소한의 양을 사는 것이 신선하게 쌈채소를 즐기는 최적의 방법이다. 특히 상추와 깻잎은 저렴하고 양이 많아 남기기 쉬운데, 보관법은 서로 반대다. 상추는 물기가 있는 채로, 깻잎은 물기 없이 보송한 채로 보관하고, 얼지 않도록 냉장고 바깥쪽에 넣어둔다.

청양고추

색이 진하고 표피가 매끄러우며 꼭지 부분이 신선한 것을 고른다. 전체적으로 형태가 뒤틀리거나 굽어 있는 것은 피한다. 봉지에 담겨 판매되는 청양고추는 보관 기간이 보통 5일이다. 1인 가구에는 부담스러운 양일 수 있으니, 편의점이나 마트에서 2~3개씩 판매하는 한 끼 채소를 구매해도 좋다.

마늘

마트에서 판매되는 같은 양의 깐 마늘과 다진 마늘을 비교했을 때, 다진 마늘이 깐 마늘보다 두 배 정도까지 가격 차이가 난다. 다진 마늘의 사용 양이 많지 않다면 깐 마늘을 구매해 그때그때 다져 쓰는 것이 훨씬 경제적이다.

미나리 / 쑥갓 / 부추 / 실파

아무리 소량으로 구입해도 소가구에서는 가장 많이 남게 되는 식재료다. 다른 채소보다 연하고 쉽게 누렇게 변색되기 때문에, 적게 들어가는 요리라면 과감하게 재료 목록에서 생략하는 것도 방법이다. 1인분씩 손질되어 2000~3000원대의 가격으로 살 수 있는 제품들도 많으니 눈여겨보자.

대파

대파의 흰 부분은 윤기가 나고 살짝 눌렀을 때 탄탄한 것이 좋다. 또한 흰 부분과 녹색 부분의 경계가 확실하고, 녹색 부분이 너무 많지 않은 것을 고른다. 가격이 비싼 소량의 손질 대파를 구매하는 경우도 많은데, 대파 사용량이 아주 적은 가구에는 유용하지만 대파는 대량으로 구입하는 게 훨씬 저렴하다. 관리법만 숙지하면 장기간 보관할 수 있다.

과일류	요즘 마트와 편의점에서 과일을 종류별로 손질해 담아 판매하는 컵과일을 흔히 찾아볼 수 있다. 제일 신선하고 맛있을 때 조금씩 사다 먹을 수 있어 굿! 특히 실온에서 익혀 먹는 키위, 바나나, 토마토, 아보카도 등과 같은 후숙 과일은. 익기 시작하면 맛있는 타이밍에 다 먹지 못해 물러버리는 경우가 종종 있으니 소량 구매하는 것이 좋다.
달걀	달걀은 크기에 따라 왕란〉특란〉대란〉중란〉소란으로 구분한다. 하지만 무조건 크기가 큰 달걀보다는 외관에 깃털이나 분비물 같은 이물질이 묻지 않고, 껍질에 윤기가 없고 선명하며, 다소 거친 껍질을 가진 것이 좋다. 또 1등급 이상 판정을 받았으며, 유통기한이 넉넉하게 남은 제품을 고른다. 구입한 달걀은 10~15일 이내에 소진한다.
두부	요리 초보들이 편하게 이용하고 보관할 수 있는 식품 중 하나가 두부다. 두부는 그램별로 판매하기도 하고, 두부 한 모에 4등분으로 점선 처리된 제품도 있으니, 요리 용도에 알맞은 제품 형태와 양을 구입해보자.
쌀·잡곡	쌀은 작은 사이즈 1포대(4kg 전후)를 고르고, 잡곡은 보리나 현미 등 기호에 따라 고르거나 오곡 잡곡이 섞인 제품을 골라 2가지로 구입한다 다이소나 마트에서 3000원대의 밀폐용기 2개를 구입한 뒤 하나는 흰쌀만 넣어 흰쌀 통을 만들고, 다른 하나에는 쌀과 잡곡을 반반 섞은 잡곡 통을 만든다. 여기에 덜어내기 좋게 종이컵 하나를 폭 꽂으면 건강한 집밥 라이프를 시작할 수 있다. 쌀통은 냉장고에 넣어 보관하거나 여유 공간이 없다면 빛이 잘 들지 않는 서늘한 곳에서 보관한다.

고기류

소고기 / 돼지고기
만약 정육 코너에서 마감 특가를 진행한다면 지나치지 말고 상시 요긴하게 쓸 수 있는 부위인 앞다리살, 삼겹살, 목살 등을 600g 정도 넉넉하게 사두자. 소고기는 선명한 선홍빛 또는 붉은빛을 띠는 것, 지방은 흰색으로 끈끈하고 탄력이 있는 것이 좋다. 지방이 살코기 사이에 고루 퍼져 마블링이 잘 보이는 것을 최상급으로 친다. 돼지고기는 옅은 선홍색을 띠고, 윤기와 탄력이 있으며 지방이 희고 단단한 것이 좋다. 어두운 암적색을 띠는 고기는 늙거나 오래된 것이니 주의한다.

요즘은 정육 코너에 다양한 브랜드가 있어서 같은 부위라도 선택의 폭이 훨씬 넓다. 팩에 담긴 고기보다 더 적은 양을 구입하고 싶다면 정육 코너에서 직접 중량을 말하고 구매한다.

닭고기
닭껍질은 크림색으로 윤기가 돌고, 털이 남아 있지 않으며 모공 부분이 울퉁불퉁 튀어 나와 있는 것이 좋다. 눈으로 구별이 힘들 경우 생산일자나 유통기한을 확인해 신선도를 판별한다. 껍질에 주름이 있거나 목이나 다리의 잘린 부분이 누런 닭고기는 신선도가 떨어진다. 통닭, 닭다리, 윙, 봉, 닭다리살, 가슴살, 안심살, 볶음탕용 등 부위별, 혹은 용도별로 팩으로 포장해 판매하니 필요한 것으로 구입한다.

베이컨
지방 층과 고기 층이 교대로 겹치고, 층의 두께가 고르며 지방이 많지 않은 것이 좋다. 또한 선홍빛이 선명한 것을 고른다. 소금에 절인 가공식품인 베이컨은 염분이 많고 칼로리가 높다. 따라서 저염으로 가공되고, 고기 함량이 최대 95% 함유된 것을 고른다. 온라인 쇼핑몰을 이용하면 장기간 냉동 보관이 가능한 베이컨을 저렴하게 구입할 수 있다.

냉장 반찬

김치
마트에서 100g당 가격에 필요한 만큼 덜어서 파는 김치 코너와 브랜드 김치를 만날 수 있다. 요리용으로 푹 익은 김치나 묵은지가 필요하다면, 직접 맛을 보고 그 정도에 따라 고를 수 있는 김치코너가 더 편리하다. 그냥 먹을 때는 첨가물을 넣은 맛김치가 더 맛있지만 포기배추김치가 두루두루 활용하기에는 더 좋다. 가급적 고춧가루, 소금, 배추 등 국산 재료를 사용한 김치를 고르고, HACCP의 인증을 받은 회사인지 확인한다.

밑반찬
마른반찬, 장조림, 나물무침 등 소량 구매가 가능한 밑반찬은 요리하기 귀찮을 때나 은근히 챙겨 먹기 힘든 나물반찬 등이 생각날 때 유용하다. 할인을 하는 저녁 시간에 마트를 가면 3팩에 1만 원 정도에 구입할 수도 있다. 빨리 상하는 반찬도 있으니 되도록 1주일 이내에 먹는 것이 좋다.

젓갈
상비 반찬으로 준비해두면 좋다. 하지만 염도가 있어 생각보다 빨리 줄어들지 않으니 소량으로 구매한다. 젓갈은 유리로 된 밀폐용기에 담아 공기를 차단하고 먹을 만큼만 덜어 먹는 것이 좋다. 너무 짠 맛이 걱정이라면 갖은 채소를 다져 넣고 조물조물 무쳐서 참기름 한 방울로 마무리해보자. 덜 자극적이면서 보다 풍성한 무침요리로 즐길 수 있다.

해산물

생선
눈이 맑고 아가미가 붉은 것이 신선하다. 보통 생선 코너에서 용도에 따라 손질을 해주기 때문에, 뼈 사이에 고인 피를 흐르는 물로 깨끗하게 씻는 정도로도 충분하다. 남은 생선은 키친타월로 수분을 닦아내고 한 마리씩 봉지에 넣어 냉동 보관한다.

조개
살아 있는 것을 구입하고, 사용하고 남으면 소금물에서 깨끗하게 해감한 뒤 맑은 물로 씻어 냉동한다.

오징어
눈이 튀어나오고 살이 탄력 있는 것으로 고른다. 며칠 뒤에 사용할 예정이라면 내장을 제거하고 손질한 뒤 냉동 보관해야 신선도를 유지할 수 있다.

새우
껍질은 광택이 나고 투명하며, 허리가 살짝 휘어진 것이 좋다. 껍질이 단단하고 두꺼울수록 신선하다. 머리 안쪽 내장이 시커멓게 보이지 않는 것을 고른다. 거뭇한 반점이 보이면 오래된 것이다.

새우의 종류

흰다리 새우 마트에서 쉽게 접하는 흰다리 새우는 연한 회색으로 대하에 비해 뿔이 짧고 눈이 튀어나왔다. 대하와 생김새와 맛이 비슷하며, 다양한 용도로 사용된다.

블랙타이거 새우 태국이나 베트남에서 주로 양식으로 키우며, 최근 국내에 가장 많이 수입되는 새우다. 크기가 크고 살이 쫀득해 구이나 고급 새우 요리에 많이 사용한다.

칵테일 새우 익힌 후 머리와 껍질을 제거한 새우로 주로 냉동 상태로 판매한다. 크기가 다양하며, 볶음밥이나 볶음요리에 넣어 간편하고 빠르게 요리할 수 있다.

백새우살 새우 껍질을 제거해 그대로 냉농해 판매힌디. 생새우보다 맛은 덜하지만 보다 저렴하다. 달짝지근한 맛을 내는 중화요리에 많이 사용한다. 다져서 쓰기에도 좋다.

떡·면

떡볶이떡 / 떡국떡
떡볶이떡은 마트 안의 떡 코너에서 판매하는 제품이 더 쫄깃하고 양도 알맞다. 봉지로 판매하는 브랜드 제품은 1인 가구에는 양이 좀 많은 편이다. 보통 떡이 남으면 냉동실에 보관하는데, 자칫하면 수분이 날아가 떡이 갈라지고 맛이 나빠질 수 있다.

칼국수 면 / 우동 / 쫄면
칼국수 면이 남았다면 평평한 지퍼백이나 밀폐용기에 1인분씩 작게 사리를 틀어 냉동 보관한다. 쫄면은 면만 구매할 경우 소분된 제품을 찾기가 쉽지 않으니 인분대로 양념까지 함께 들어 있는 제품을 구입하는 것이 좋다. 우동 면은 낱개 제품보다 5개 묶음으로 포장된 냉동 제품이 좀 더 쫄깃한 식감을 지녔다.

유제품

우유 / 요거트
우유와 요거트는 개봉 후 빠른 시일 내에 신선하게 먹는 것이 중요하므로 알맞은 양으로 구매한다. 요거트에 들어간 당분도 체크해보자.

모차렐라 치즈
모차렐라 치즈는 비숙성 치즈이므로, 치즈 특유의 쿰쿰한 냄새가 나지 않고 옅은 아이보리색을 띠며 곰팡이가 나지 않은 것이 좋다. 인터넷 쇼핑몰을 이용하면 대용량을 저렴한 가격에 구입할 수 있다.

크림치즈
베이킹용이라면 박스로 큼직하게 포장된 제품이 편리하고, 단순히 빵이나 크래커에 발라 먹을 용도라면 200g 정도로 포장되어 다양한 맛을 고를 수 있는 제품이 낫다. 크림치즈는 유통기한이 짧아 상하기 쉽다. 베이킹용으로 산 크림치즈가 많이 남았다면 랩으로 돌돌 굴려가며 포장해 공기를 차단한 뒤 냉장 보관한다.

버터
첨가물이 들어간 가공버터보다 우유의 유지방 함량이 높은 천연버터가 더 좋다. 버터는 큐브 모양으로 한 조각씩 잘라서 종이호일을 깔아 블록처럼 쌓아두면 사용하기 편리하다. 소분한 버터는 냉장 보관해도 좋지만 덩어리가 큰 버터는 냉동 보관한다.

생크림 / 휘핑크림
요리용과 베이킹용으로 나뉜다. 크림파스타를 만들 때와 생크림 케이크를 만들 때의 제품이 다르니 용도를 반드시 확인하고 구입한다. 가격이 조금 비싸지만 유지방 함량이 높은 동물성 생크림이 깊고 진한 풍미를 낸다. 휘핑크림은 생크림과 비슷하지만 여러 첨가물을 넣어 혼합한 제품이다.

양념류

간장
요리에 감칠맛과 깊은 맛을 더하는 간장은 맛간장, 국간장, 진간장, 조림간장 등 종류도 다양하다. 가장 작은 사이즈로 2~3개 구입해두면 요리할 때 훨씬 쉽게 맛을 낼 수 있다. 요리가 익숙해지면 각자 활용도 높은 간장을 더 큰 용량으로 구비해두자.

고추장
고춧가루의 원산지와 찹쌀가루의 유무를 살펴보면 좋은 고추장인지 아닌지를 알 수 있다. 찹쌀가루가 들어가야 부드럽고 찰기가 좋다. 고추장은 냉장 보관이나 실온 보관 둘 다 가능하지만 냉장고에 넣어 두어야 곰팡이가 생기거나 고추장 색이 어둡게 변하는 현상을 막을 수 있다.

된장
여러 가지 된장들이 많지만 가장 편리하게 사용할 수 있는 건 갖은 양념이 된 500g짜리 찌개된장이다. 감칠맛이 좋아 급할 때 육수 없이 물만 넣고 냉장고 속 야채를 툭툭 썰어 넣어도 제법 시원한 국을 금세 만들 수 있다. 찌개된장에 다진 마늘, 고춧가루, 참기름을 추가해 쓱쓱 섞으면 꽤 훌륭한 쌈장도 만들 수 있다.

식용유
기름도 종류에 따라 각각 특징이 있어 용도에 맞는 기름을 고르는 것이 좋다. 옥수수기름은 전을 부칠 때 가장 고소하고, 포도씨유는 다른 기름보다 산뜻하고 가볍다. 포도씨유는 발연점이 높고 담백한 맛을 가진 데다 가격까지 합리적이라 가정에서 쓰기 무난하다.

4

최소 도구 세팅하기

훌륭한 목수는 연장을 탓하지 않는다고 하지만
요리 초보에게 훌륭한 도구는 언제나 환영!
요리를 보다 쉽고 간단하게 만들어주는 조리도구를 알아봅니다.

요리할 때 필요한 기본 조리도구

1 가위
김치나 파, 고추 등의 재료는 칼보다 가위로 자르는 편이 쉽고 빠르다. 가위는 고기의 뼈나 갑각류를 손질할 때도 칼보다 유용하고 안전하다. 가위의 나사 구멍에 오일을 몇 방울 떨어뜨리면 오랫동안 부드럽게 가위질할 수 있다.

2 칼
두껍고 큰 채소 및 고기를 자르거나 원하는 모양을 내기에는 칼이 가위보다 유용하다. 칼 종류는 많지만 기본적인 식칼 하나만 있어도 요리하기에 충분하다. 칼끝이 둥글고 칼날의 길이가 20cm 정도인 스테인리스 소재의 칼이 가장 보편적이다.

3 도마
일반적으로 나무 도마와 플라스틱 도마를 많이 사용한다. 나무 도마는 흠집이 잘 생기고 관리가 번거로우며, 플라스틱 도마는 세척과 관리가 편하지만 나무 도마보다 세균 번식이 쉽다는 단점이 있다. 도마는 육류용, 채소용으로 따로 쓰는 것이 좋으며 깨끗하게 씻고 잘 건조해 사용한다.

4 집게
뜨거운 고기를 집거나 튀김요리를 할 때, 채소 등을 데칠 때나 면을 삶을 때 젓가락 대신 사용하면 편리하다.

5 필러
필러를 이용하면 감자, 고구마, 당근, 오이 등 여러 채소의 껍질을 얇고 빠르게 벗길 수 있다. 손잡이를 쥐어보고 저마다 쓰기 편한 것으로 고른다.

6 알뜰주걱
실리콘 소재로 되어 재료를 볶거나 끓일 때 냄비나 팬에 손상이 덜 가고 냄비에 묻은 양념 등을 말끔히 긁어내기에 좋다.

7 거품기
달걀을 곱게 풀거나 반죽, 소스 등 재료를 섞을 때 사용한다. 특히 가루를 물에 풀 때 유용하다.

8 계량스푼
적은 양을 정확히 재기 위해 사용한다. 계량할 때 가루는 재료를 넉넉히 담은 뒤 칼이나 막대기로 평평하게 깎아내고, 액체는 찰랑찰랑하여 넘칠 듯 말 듯 담는다.

9 편수냄비
여러 종류의 냄비 중 단 하나만 구매해야 한다면 한쪽에만 손잡이가 달려 있는 편수냄비가 좋다. 주로 국물 있는 요리를 할 때 사용하지만, 소량의 튀김이나 볶음, 조림 등을 할 때도 활용도가 높다.

10 프라이팬
스테이크나 생선구이, 부침개 또는 각종 볶음요리에 많이 이용한다. 보통 지름 28cm의 팬이 여러 요리에 사용하기 적당하다. 코팅 프라이팬은 열 조절이 쉽고 재료가 팬에 눌어붙지 않아 초보자가 사용하기 좋다. 뚜껑을 함께 구매하면 오븐이 없어도 치즈를 녹이거나 재료의 속까지 익힐 수 있다.

가지고 있으면 좀 더 편리해지는 도구

1 나무 수저
요리할 때 쇠 수저를 사용하면 팬이나 냄비의 코팅이 벗겨질 수 있다. 나무 수저를 사용하면 팬이나 냄비를 긁힘 없이 사용할 수 있다. 특히 나무젓가락은 쇠 젓가락보다 덜 미끄럽고 가벼워 사용하기 편리하다.

2 스테인리스 볼
재료를 손질하거나 덜어놓을 때, 양념을 만들거나 재거나 무칠 때 편리하게 사용할 수 있다. 크기별로 큰 것과 작은 것 한두 개씩 구비하면 유용하다. 스테인리스 소재가 플라스틱보다 더 안전하고 위생적이다.

3 체
삶은 면이나 육수 재료를 건질 때, 재료의 물기를 제거할 때 사용한다. 용도나 재료 양에 따라 크기가 작은 것과 큰 것 두 개 정도 구비하면 좋다.

4 저울
베이킹을 할 때 반드시 갖춰야 할 필수 도구이며, 재료를 하나씩 계량해서 요리할 때도 편리하다.

5 채칼
칼질이 서툴거나 조리 시간을 단축할 때 사용하면 편리하다. 강판, 슬라이스, 두꺼운 채, 얇은 채, 물결 등 다양한 모양과 크기의 채칼을 세트로 살 수 있다.

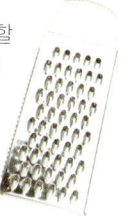

6 타이머
음식을 불에 올려놓고 타이머 알람을 맞춰 놓으면 안심하고 다른 일을 할 수 있어. 시간을 효율적으로 쓸 수 있다. 휴대폰에 타이머 기능이 있지만 요리하다 보면 손이 더러워져 사용하기 불편하니 하나쯤 가지고 있는게 좋다.

7 캔 오프너
일반적으로 통조림은 손잡이가 있어 원터치로 따기 쉽지만, 수입품 통조림은 원터치 캔이 아닌 경우도 있다. 캔 오프너 외에도 와인 오프너와 병따개까지 3가지 기능이 있는 오프너를 구비해두면 더욱 편리하다.

8 찜 받침
냉동식품이나 채소, 갑각류 등 재료를 찔 때 유용하다. 시중에 파는 냉동만두도 찜 받침에 올려서 찌면 식당에서 파는 만두처럼 부드러워진다. 찜 받침 자체의 크기가 조절되어 어떤 냄비에서도 사용할 수 있다.

5

헷갈리는 계량, 극복법

요리의 시작은 정확한 계량!
계량스푼과 계량컵이 따로 없다면 부엌에 늘 있는 밥숟가락과 종이컵,
혹은 눈대중, 손대중 계량법을 이용해 손쉽게 계량에 도전해봅시다.

밥숟가락으로 계량하기

1 가루 분량 재기

소금 1큰술
숟가락으로 수북이 떠서 담는다.

소금 ½큰술
숟가락으로 절반 정도를 수북이 떠서 담는다.

소금 1작은술
숟가락의 절반 정도를 가볍게 떠서 담는다.

소금 ½작은술
숟가락의 ⅓ 정도만 담는다.

2 장류 분량 재기

고추장 1큰술
숟가락으로 가득 떠서 볼록하게 올라오도록 담는다.

고추장 ½큰술
숟가락으로 절반 정도만 가득 떠서 담는다.

고추장 1작은술
숟가락의 절반 정도를 가볍게 떠서 담는다

고추장 ½작은술
숟가락의 ⅓ 정도를 가볍게 떠서 담는다.

3 액체 분량 재기

간장 1큰술
숟가락 한가득 찰랑거리게 담는다.

간장 ½큰술
숟가락의 ¾ 정도를 가볍게 담는다.

간장 1작은술
숟가락의 절반 정도를 가볍게 담는다.

간장 ½작은술
숟가락의 ⅓ 정도를 가볍게 담는다.

4 다진 재료 분량 재기

다진 마늘 1큰술
숟가락으로 수북이 떠서 꼭 꼭 담는다.

다진 마늘 ½큰술
숟가락으로 수북이 떠서 절반 정도만 꼭꼭 담는다.

다진 마늘 1작은술
숟가락의 절반 정도를 가볍게 떠서 담는다.

다진 마늘 ½작은술
숟가락의 ⅓ 정도를 가볍게 떠서 담는다.

5 종이컵으로 분량 재기 (1컵=200ml)

육수 1컵
종이컵에 찰랑거리도록 담는다.

육수 ¾컵
종이컵의 절반보다 살짝 위로 올라오도록 담는다.

육수 ½컵
종이컵에 절반 정도의 양을 담는다.

육수 ¼컵
종이컵에 ¼ 정도의 양을 담는다.

6 종이컵으로 분량 재기

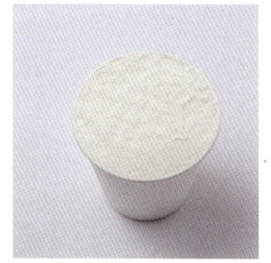   

밀가루 1컵
종이컵에 가득 담아 칼로 평평하게 깎아낸다.

밀가루 ¾컵
종이컵 절반보다 살짝 위로 올라오도록 담는다.

밀가루 ½컵
종이컵에 절반 정도의 양을 담는다.

밀가루 ¼컵
종이컵에 ¼ 정도의 양을 담는다.

손으로 분량 재기

 사람마다 손 크기가 다르기 때문에 1줌의 양은 조금씩 차이가 있을 수 있다.

콩나물, 숙주 1줌
40g

채 썬 양파 1줌
50g

채 썬 당근 1줌
50g

어슷 썬 대파 1줌
50g

채 썬 양배추 1줌
50g

채 썬 깻잎 1줌
7g ≒ 약 10장

슈레드 모차렐라 치즈 1줌
35g

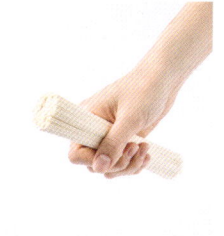

소면 1줌
100g

당면 1줌
100g

자주 쓰는 재료의 100g 어림치

양배추 = ⅛통

양파 = ½개

당근 = 큰 것 ⅓개

무 = 지름 9cm, 높이 4cm

파프리카 = 작은 것 1개

쪽마늘 = 20개

고구마 = 큰 것 ½개

콩나물 = 1줌 반

닭다리 = 닭다리살 중간 것 1개

칵테일 새우 = 13개

다진 고기 = ¾컵

덩어리 고기 = 10x5x1cm

슈레드 모차렐라 치즈 = 2줌 반

슈레드 체더 치즈 = 2줌 반

구이용 치즈 = 6x4x4cm

쿠캣 계량 가이드

쿠캣에서 쓰는 재료의 계량법이다. 쿠캣 계량 가이드를 참고하면 보다 간편하게 요리할 수 있다.

버터 1조각
= 2x2x2cm

다진 양파 1큰술
= 15g 혹은 약간

다진 당근 1큰술
= 15g 혹은 약간

다진 파프리카 1큰술
= 작은 파프리카 ⅙개

다진 대파 1큰술
= 4cm 혹은 8g

다진 김치
= ⅓줄

김치 1줄
= 40g

삼겹살 1줄
= 90g

6

엄마의 손맛 내는
기본 양념 공식

수학에만 공식이 있는 건 아닙니다.
엄마의 깊은 손맛을 완벽히 재현할 순 없어도
어디 가서 요리 좀 한다는 소리를 듣게 만드는 양념의 비법.
여러 요리에 두루 적용할 수 있는 기본 양념 공식을 알아볼게요.

간장 양념

1 드레싱

활용 샐러드

설탕 1큰술, 식초 1큰술, 레몬즙 약간, 간장 2큰술, 올리브유 2큰술, 후춧가루 약간

2 고기 양념장

활용 구이용(불고기, 돼지갈비 등)

설탕 2큰술, 맛술 2큰술, 간장 4큰술, 다진 양파 2큰술, 다진 파 2큰술, 다진 마늘 1큰술, 깨 1큰술, 참기름 1큰술

※ 2~3시간 재워놓으면 더 좋다.

3 조림 양념장

활용 밑반찬용(감자조림, 달걀장조림 등)

다시마 우린 물 ½컵, 설탕 2큰술, 간장 5큰술, 맛술 2큰술, 다진 생강 ½작은술, 다진 파 ½큰술, 다진 마늘 1큰술

※ 파뿌리, 양파껍질, 셀러리 등을 넣으면 맛과 색이 더 깊어진다.

4 무침 양념

활용 새콤달콤한 맛을 내는 요리(도토리묵, 마늘종 무침 등)

간장 2큰술, 매실청 1큰술, 식초 2큰술, 참기름 1큰술, 맛술 1큰술, 다진 마늘 1큰술, 설탕 1큰술, 고춧가루 1큰술

5 만능 양념장

활용 갖은 요리에 곁들여 먹는 양념장(부침개, 비빔국수, 비빔밥)

간장 4큰술, 매실청 1큰술, 올리고당 ½큰술, 참기름 1큰술, 다진 파 ½큰술, 다진 마늘 ½큰술, 고춧가루 1큰술, 다진 부추 1큰술(생략 가능)

COOKAT TIP
기호에 따라 다진 파나 다진 마늘 등을 더 넣어도 좋아요.

고추장 양념

1 무침 양념
활용 밑반찬(도라지무침, 호두무침 등)

설탕 ½큰술, 고추장 3큰술, 고춧가루 1큰술, 다진 마늘 ½큰술, 깨 1큰술, 참기름 1큰술

2 볶음 양념
활용 밑반찬 및 일품요리(어묵볶음, 생선양념구이 등)

설탕 1큰술, 간장 1큰술, 고추장 3큰술, 물엿 1큰술, 다진 파 2큰술, 다진 마늘 1큰술, 고춧가루 2큰술, 깨 1큰술, 참기름 1큰술

3 약고추장
활용 비빔밥 등

소고기 100g, 설탕 1큰술, 간장 1큰술, 고추장 4큰술, 꿀 2큰술, 다진 양파 ¼개, 물 3큰술, 참기름 1큰술, 깨 1큰술

4 별미 양념
활용 양념치킨, 밑반찬 등

설탕 1큰술, 간장 1큰술, 고추장 2큰술, 케첩 2큰술, 물엿 2큰술, 다진 마늘 1작은술

5 비빔 양념
활용 비빔국수 등

설탕 1큰술, 간장 ½큰술, 고추장 1큰술, 고춧가루 ½큰술, 다진 마늘 1작은술, 통깨 1큰술, 참기름 1큰술

COOKAT TIP
고추장 베이스 양념은 미리 만들어 놓고 하루 정도 냉장고에 숙성시키면 맛이 더 좋아져요.

된장 양념

1 드레싱
활용 샐러드

설탕 또는 꿀 1큰술, 식초 1큰술, 된장 1큰술, 다진 마늘 1큰술, 올리브유 1큰술

2 무침
활용 각종 나물이나 채소무침용(얼갈이된장무침, 고추된장무침 등)

액젓 또는 간장 ½작은술, 된장 3큰술, 생강즙 1작은술, 다진 파 2큰술, 다진 마늘 1큰술, 물 5큰술, 참기름 1큰술

3 쌈장

된장 3큰술, 고추장 1큰술, 다진 파 ½큰술, 다진 마늘 ½큰술, 깨소금 1작은술, 참기름 1작은술

※ 기본 쌈장에 참치, 두부, 견과류, 표고버섯 등을 넣으면 더욱 풍성한 쌈장이 된다.

4 된장찌개

된장 2큰술, 맛술 1큰술, 다진 마늘 ½큰술, 고춧가루 ½큰술

7

썰고 익히기의 기본

재료를 어떻게 썰고 익히는지가 음식의 모양과 맛을 좌우합니다.
본격적으로 요리를 시작하기 전에 알아두면 유용한 기본 썰기를 살펴보고,
고기나 튀김요리를 할 때 어느 정도를 굽거나 튀겨야 하는지 요리의 감을 익혀봅시다.

여러 가지 기본 썰기

반달썰기
애호박, 감자, 고구마 등의 재료를 세로로 길게 반 가른 뒤 반달 모양으로 썬다. 주로 국, 찌개, 볶음 등을 할 때 활용한다.

깍둑썰기
당근, 감자, 무 등의 재료를 정사각형 모양으로 동일하게 썬다. 먼저 재료를 막대기 모양으로 썬 뒤 다시 네모나게 썬다.

다지기
재료를 얇게 채 썬 뒤 가로로 놓고 다시 잘게 썬다. 마늘, 대파, 당근 등을 곱게 다져 볶음밥이나 양념에 넣는다.

반달썰기

나박썰기

당근, 무 등의 재료를 막대 모양으로 썬 뒤 다시 얇게 썬다. 주로 나박김치나 소고기뭇국 등에 들어가는 무를 썰 때 사용한다.

채썰기

당근, 애호박 등의 재료를 길고 가늘게 썬다. 재료를 얇게 저며 비스듬하게 겹쳐 놓고 세로로 가늘게 썬다. 잡채, 김밥 또는 골뱅이무침과 같은 무침요리에 주로 사용한다.

편썰기

주로 마늘이나 생강 등을 얇게 썰 때 쓰며, '저며썰기'라고도 한다. 재료 크기와 상관없이 얇고 동일하게 썬다.

어슷썰기

대파, 고추 등의 재료를 가지런히 놓고 칼을 비스듬히 틀어 사선으로 썬다. 양념용 채소를 썰 때나 고명으로 올릴 때 활용한다.

송송썰기

실파, 청양고추 등 가늘고 긴 재료를 동그란 단면을 살려 잘게 썬다. 주로 양념장에 넣거나 고명으로 올릴 때 사용한다.

익히기의 정석

1 달걀 삶기

사람마다 선호하는 요리가 다르듯이, 삶은 달걀의 익힘 정도에 대한 취향도 제각각이다. 매번 달걀을 너무 푹 삶거나 덜 익혀서 난감했다면 지금부터 타이머를 사용해보자. 내 취향에 꼭 맞게 달걀을 삶을 수 있다.

- 냉장고에 두었던 달걀은 바로 삶으면 온도가 급격하게 올라가서 삶는 도중에 껍질이 깨지기도 한다. 따라서 실온에 미리 꺼내두거나 미지근한 물에 살짝 담가두었다가 삶는다.
- 달걀을 삶은 뒤 바로 찬물에 담가 식히면 껍질이 더 잘 벗겨진다.

2 파스타 삶기

집에서 파스타를 삶다가 얼마나 익었는지 확인하기 위해 파스타 한 가닥을 건져서 먹어보거나 벽에 붙여본 적이 있을 것이다. 타이머를 사용해 포장 뒷면의 레시피를 보고 면을 삶기도 하지만 원하는 대로 익히기는 어렵다. 왜냐하면 면은 삶은 후 잔열과 뜨거운 소스로 인해 원하는 식감보다 더 익어버리기 때문이다. 하지만 걱정은 금물! 아래의 면 삶는 시간을 참고해 취향에 딱 맞는 파스타를 완성해보자.

- 냄비에 ¾ 정도 차게 물을 붓고 물이 팔팔 끓을 때 소금을 넣어서 면을 삶는다. 바닷물 정도의 농도라고 생각하면 된다. 면에 간이 배어 파스타가 더욱 맛있어진다.

3분 ① 3분 정도 삶으면 면이 살짝 휘어지지만 아직 딱딱하다. 이때 면을 빼서 소스에 넣고 3~4분 정도 볶으면 알덴테의 식감으로 즐길 수 있다.

5분 ② 5분 정도 삶으면 면의 80% 정도가 익고 아주 살짝 뻣뻣하다. 이때 면을 빼서 소스에 넣고 강불에 3분 정도 볶으면 적당히 익은 식감으로 즐길 수 있다.

10분 ③ 면을 10분 넘게 삶으면 불어서 두꺼워진다. 면이 불면 양이 늘어나 그만큼 소스도 많이 필요하니 너무 많이 익히지 않는다.

3 고기 굽기

요리책을 읽다 보면 고기를 팬에 구울 때 '연갈색이 나도록 굽는다' 혹은 '갈색 빛이 나도록 굽는다'라는 표현을 많이 볼 수 있다. 이는 강한 불에 고기의 단면을 빠르게 굽는 것을 말하는데, '시어링'이라고 부르기도 한다. 겉면을 바삭하게 만들어 수분이 빠져나가는 것을 막기 때문에 육즙이 살아 있고 맛이 고소하다. 양념을 넣어 익히는 방법도 있지만, 그 전에 고기를 알맞게 구운 다음 양념을 입혀보자. 고기의 겉면이 갈색 빛으로 그을려지면서 맛이 더욱 풍부해진다.

① 강불로 달군 팬에 식용유를 적당하게 두르고 살짝 연기가 나면 고기를 올린다.

② 고기가 연갈색 혹은 갈색 빛이 나기 시작하면 중불로 줄여 굽는다.

③ 겉면이 알맞은 색이 난다면 뒤집어서 앞면과 같은 색이 나도록 굽는다.

4 바삭하게 튀기기

밀가루, 달걀, 빵가루를 순서대로 입혀서 튀긴 음식을 싫어하는 사람은 드물 것이다. 하지만 알맞은 온도에서 튀김을 맛있게 튀기기는 생각보다 번거롭고 어렵다. 집에 온도계가 있다면 가장 좋겠지만 온도계 없이도 튀김을 맛있게 만드는 방법을 터득해 보자.

① 냄비에 ¾ 정도가 차게 식용유를 붓고 중불에 올린다. 빵가루를 살짝 떨어뜨려 알맞은 온도(165~170℃ 정도)로 예열되었는지 확인한다. 기름에 연기가 난다면 온도가 너무 높은 것이므로 일단 불을 줄이고 식용유를 첨가한다.

② 튀김옷을 입힌 재료를 기름에 살짝 넣은 후 기포가 재료 주위로 보글보글 올라오면 중약불로 줄인다. 한쪽 면은 황금색이 나도록 튀긴 뒤 집게로 뒤집어 다시 튀긴다.

③ 진한 황금색이 날 때까지 튀긴 후 체로 건져 키친타월 위에 올리고 기름을 뺀다.

8

망해가는 요리,
긴급 복구 SOS

한다고 했는데도 맛이 밍밍하거나 너무 짜거나 방심하는 사이에 탔거나.
망해가는 요리 앞에 안절부절못했던 경험이 있다면 눈여겨보세요.
못 먹을 요리를 먹을 수 있는 요리로 되살리는 긴급 복구 방법을 소개합니다.

요리가 너무 짤 때
간을 맞추다가 간장이나 소금을 너무 많이 넣어 짜다면

- 식초를 한두 방울 첨가한다.
- 요리의 재료를 더 넣는다.

요리가 너무 매울 때
매운 재료를 많이 넣어 당황했다면

- 라임이나 레몬즙을 넣는다.
- 볶음요리일 경우 양파와 같은 단맛의 채소를 더 넣는다.
- 사워크림이나 치즈를 넣어 맛을 중화시킨다. 치즈의 고소한 맛이 섞여 색다른 요리로 즐길 수 있다.

요리를 하다가 태웠을 때
태운 요리를 복구하기는 힘들지만 최선의 방법은

- 팬을 재빨리 불에서 내려 찬물에 식힌 뒤 탄 부분이 섞이지 않게 윗부분만 옮겨 담는다.

요리가 너무 달 때
설탕을 실수로 쏟아부었거나 물엿이나 꿀 등을 많이 넣어 단맛이 강하다면

- 단맛을 흡수하는 파, 마늘을 추가한다.
- 식초를 조금 넣어 단맛을 중화시킨다.

볶음요리를 하다가 국물이 너무 많이 생겼을 때
채소에서 물이 나와 국물이 자작한 볶음요리가 되었다면

- 찹쌀물이나 녹말물을 만들어 넣고 강불에서 재빠르게 볶아낸다.
- 소면이나 당면 등 사리를 넣어 곁들이거나 밥을 비벼 먹는다.
- 버섯은 데쳐서 넣고 양파는 생략한다.

국이 싱겁고 깊은 맛이 나지 않을 때
국물을 맛보았는데 싱겁고 2% 부족하다면

- 국간장이나 소금으로 간을 추가한다.
- 간을 추가해도 깊은 맛이 나지 않으면 조개나 고기 등 감칠맛이 날 수 있는 재료를 따로 끓여 육수를 낸 뒤 다시 끓인다.

1

후다닥 한 끼

밥

밥 먹자,
오늘 밥을
한 끼도
못 먹었어

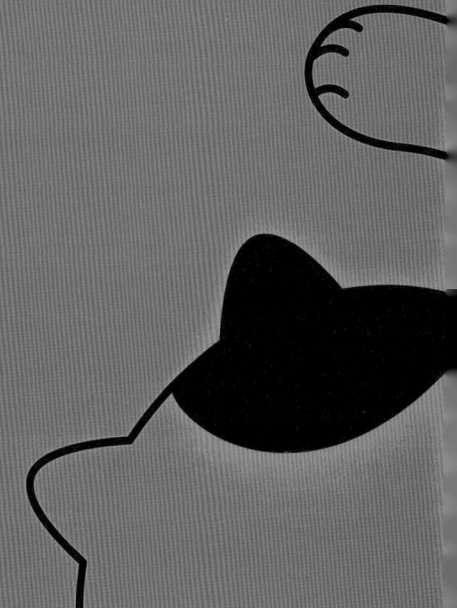

밥

베이컨주먹밥

스팸메추리알주먹밥

대패주먹밥

삼겹살김밥

쌈장삼겹살김밥

돈가스크림치즈김밥

스팸김밥

스팸마리

비빔밥김밥

UFO김치볶음밥

베이컨깍두기볶음밥

콘치즈볶음밥

김치차돌필라프

삼겹살볶음밥

떡볶이볶음밥

스팸치킨마요덮밥

버터장조림덮밥

간장새우밥

갈비찜덮밥

소고기튀김덮밥

밥버거

버거김밥

불고기치즈뚝배기밥

베이컨치즈밥

오므라이스

베이컨을 돌돌 말아 구운 삼각 주먹밥
베이컨주먹밥

1인분(2개 기준)
30분 이하
중급

재료

베이컨 2줄
슬라이스 치즈 ½장

주먹밥
즉석밥 ½개(105g)
당근 ¼개
양파 ¼개
대파(7cm) 1개
식용유 약간

How to

1 당근, 양파, 대파는 잘게 다지고, 슬라이스 치즈는 4등분한다.
2 중약불로 달군 팬에 식용유를 두르고 당근과 양파를 볶다가 양파가 반투명해지면 밥과 대파를 넣어 볶는다.
3 볶음밥이 식어 적당히 찰기가 생기면 동그랗게 한입 크기로 뭉쳐 4개의 주먹밥을 만든다.
4 베이컨 위에 치즈와 ③의 주먹밥을 올리고 좌우로 움직여 말아 삼각형 모양을 만든다.
5 약불로 달군 팬에 ④의 주먹밥을 올리고 앞뒤로 노릇하게 구워 완성한다.

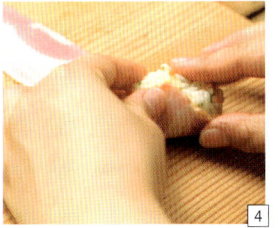

김치주먹밥과 간장주먹밥 두 가지 맛으로 즐기는
스팸메추리알주먹밥

1인분(2개 기준)
30분 이하
중급

재료

스팸(200g) ½캔
메추리알 4개
김밥용 김(20×26cm) 1장

김치주먹밥

즉석밥 ½개(105g)
다진 스팸 1큰술
김치 1½줄(25g)
고추장 1작은술
참기름 1작은술

간장주먹밥

즉석밥 ½개(105g)
다진 스팸 1큰술
간장 ½큰술
물엿 ½큰술
참기름 ½큰술

How to

1   스팸을 1cm 두께로 슬라이스한다. 그런 다음 0.5cm 간격 정도의 틀만 남기고 속을 잘라낸다.
2   남은 스팸 조각은 잘게 깍둑썰기 하고, 김치는 스팸과 같은 크기로 잘게 썬다. 김밥용 김은 8×7cm 크기로 자른다.
3   중불로 달군 팬에 ①의 속 파낸 스팸을 앞뒤로 노릇하게 굽는다.
4   ③의 스팸 1장당 메추리알 2개씩 넣고 뚜껑을 덮어 반숙으로 약 1분간 익힌다.
5   중약불로 달군 팬에 분량의 김치주먹밥 재료를 넣어 볶은 후 한 김 식힌다. 같은 방법으로 간장주먹밥도 만든다. 이때 스팸은 ②의 것으로 활용한다.
6   랩을 씌운 스팸 통에 김치주먹밥과 간장주먹밥을 각각 꾹꾹 눌러 담는다.
7   랩을 들어 올려 밥을 빼낸 뒤 준비한 김을 감싼다.
8   ⑦의 주먹밥 위에 ④를 올려 낸다.

대패삼겹살을 두르고 데리야키 소스를 발라 구운
대패주먹밥

1인분(3개 분량)
30분 이하
중급

재료

대패삼겹살 3줄(90g)
데리야키 소스 2큰술

주먹밥
즉석밥 1개(210g)
참치(100g) 1캔
대파(6cm) 1개
달걀 1개
간장 1큰술
식용유 1큰술

How to

1 참치는 체에 밭쳐 기름을 빼서 준비하고, 대파는 얇게 송송 썬다.
2 중약불로 달군 팬에 식용유를 두르고, 대파를 먼저 볶다가 달걀을 넣고 익기 시작하면 젓가락으로 휘저어 스크램블 에그를 만든다.
3 ②에 참치를 넣고 볶다가 팬 한쪽으로 밀어둔 뒤 다른 한쪽에 간장을 넣고 살짝 태우듯이 끓인다.
4 간장이 보글보글 끓어오르면 밥을 넣고 골고루 볶는다.
5 볶음밥이 식어 살짝 찰기가 생기면 달걀 정도 크기로 뭉쳐 주먹밥을 만든다.
6 주먹밥을 대패삼겹살로 돌돌 감싼다.
7 중약불로 달군 팬에 ⑥의 주먹밥을 넣고 굴려가며 노릇하게 굽는다.
8 삼겹살의 겉면에 데리야키 소스를 바르고 구운 후 완성한다.

김밥으로 돌돌 만 푸짐한 고기 한 쌈
삼겹살김밥

1인분
30분 이하
중급

재료

대패삼겹살 5줄(150g)
즉석밥 ½개(105g)
김밥용 김 1장
김치 1줄(40g)
깻잎 2장
쌈무 2장
청양고추 1개

콩나물무침

콩나물 1줌(70g)
부추 1줌(30g)
간장 1큰술
고춧가루 1큰술
식초 1작은술
다진 마늘 1작은술
설탕 1작은술
참기름 ½작은술

How to

1. 김치는 5cm 길이로 썰어 중약불로 달군 팬에 굽고, 청양고추는 어슷하게 썬다.
2. 콩나물은 끓는 물에 45초 정도 데쳐 찬물에 헹군 후 꼭 짜서 물기를 뺀다. 부추는 5cm 길이로 썬다.
3. 그릇에 분량의 콩나물무침 재료를 넣어 버무린다.
4. 김발 위에 김밥용 김을 깔고 밥을 전체적으로 고루 편다.
5. 밥 위에 깻잎과 쌈무를 깔고 콩나물무침과 구운 김치, 청양고추를 올려 돌돌 만다.
6. 대패삼겹살을 나란히 겹쳐서 깔고 그 위에 ⑤의 김밥을 올려 1번 더 만다.
7. 중불로 달군 팬에 ⑥의 김밥을 굴려가며 노릇하게 굽는다.
8. 겉면이 식으면, 먹기 좋게 썰어서 접시에 담아 낸다.

   COOKAT TIP
   1 식지 않은 상태에서 자르면 삼겹살과 김밥이 분리될 수 있으니 식힌 후 썰어요.
   2 상추에 김밥을 얹고 마늘과 쌈장을 곁들여 싸 먹어도 맛있어요.

매콤한 쌈장밥과 삼겹살이 만나면
쌈장삼겹살김밥

1인분
30분 이하
초급

재료

삼겹살 1줄(50g)
즉석밥 1개(210g)
김밥용 김 1장
쪽마늘 7개

밥 양념

김치 ¼줄(15g)
쌈장 1큰술
참기름 1큰술
고추장 ½큰술
간장 ½큰술
통깨 약간

파채

대파(6cm) 5개
간장 ½큰술
고춧가루 ½큰술

How to

1. 김치는 잘게 썰고, 대파는 채칼로 길게 썬다.
2. 그릇에 분량의 양념 밥 재료를 한데 넣어 섞는다.
3. 중불로 달군 팬에 삼겹살과 마늘을 앞뒤로 노릇하게 구워 그릇에 담아둔다.
4. 삼겹살을 구운 팬에 즉석밥과 ②의 밥 양념을 넣어 볶은 후 한 김 식힌다.
5. 그릇에 분량의 파채 재료를 모두 넣어 버무린다.
6. 김발 위에 김밥용 김을 깔고 밥을 올려 김의 ⅔ 지점까지 고루 편다.
7. 밥 위에 준비한 삼겹살과 파채를 밥에 얹고 속 재료가 빠지지 않도록 꾹꾹 누르며 돌돌 만다.
8. 먹기 좋게 썰어 접시에 담아 낸다.

속은 촉촉 겉은 바삭바삭
돈가스크림치즈김밥

1인분
30분 이하
고급

재료

돼지고기(등심) 180g
크림치즈 10g
깻잎 6장
당근 ⅓개
오이 ⅓개
호두 8~9개(20g)
김밥용 김 1장
달걀 1개
밀가루 ⅓컵
빵가루 ⅔컵
스위트 칠리소스 2큰술
식용유 적당량

밥 양념

즉석밥 ½개(105g)
참기름 1큰술
소금 약간

돼지고기 밑간

소금 약간
후춧가루 약간

How to

1. 당근과 오이는 가늘게 채 썰고, 호두는 잘게 다진다.
2. 돼지고기 등심은 고기망치로 두들겨 2mm 두께로 얇게 편 후 소금과 후춧가루로 밑간한다.
   COOKAT TIP 고기망치가 없다면 칼등으로 살살 두드리세요.
3. 그릇에 밥 양념 재료를 넣어 섞은 후 한 김 식힌다.
4. 김발 위에 김밥용 김을 깔고 양념한 밥을 올려 김의 ⅔ 지점까지 편다.
5. 밥 위에 깻잎을 깔고 그 위에 당근, 오이, 크림치즈, 호두 순으로 올려 돌돌 만다.
   COOKAT TIP 크림치즈가 부드러운 상태라면 비닐봉지에 넣은 후 봉지 끝부분을 잘라서 재료 위에 짜고, 반대로 단단한 상태라면 김밥용 단무지 두께로 잘라 사용하세요.
6. 밑간해 둔 돼지고기 위에 ⑤의 김밥을 올려 1번 더 만다.
7. 달걀을 그릇에 풀어놓은 후, ⑥을 밀가루와 달걀물, 빵가루 순으로 묻혀 튀김옷을 입힌다.
8. 냄비에 식용유를 붓고 170℃로 예열한 뒤 ⑦을 중불에서 7분간 혹은 황금색이 날 때까지 튀긴다.
9. 튀겨진 김밥을 체에 밭쳐 기름을 빼고 먹기 좋게 썰어서 접시에 담아 낸다.
10. 스위트 칠리소스 혹은 취향에 맞는 소스를 곁들여 먹는다.

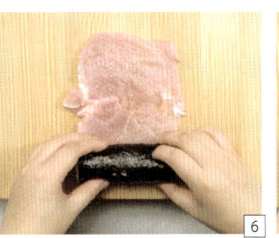

모차렐라 치즈, 스팸, 달걀의 삼합
스팸김밥

1인분
30분 이하
중급

재료

스팸(340g) 1캔
모차렐라 치즈
(9×3×3cm) 2조각
즉석밥 ½개(105g)
김밥용 김 1장
달걀 4개

How to

1. 스팸의 ⅓ 정도를 잘라 뚜껑을 만들고, 나머지 스팸은 ㄷ자 모양으로 중앙을 판다.
2. 중앙에 통모차렐라 치즈를 넣고 잘라둔 스팸 뚜껑으로 덮는다.
3. 중불로 달군 팬에 ②의 스팸을 고루 굴려가며 노릇하게 굽는다.
4. 달걀을 그릇에 풀어 팬의 한쪽에 달걀물을 붓는다. 이때 달걀은 스팸의 가로 길이에 맞춰 부친다.
5. 달걀지단이 70~80% 정도 익으면 ③의 스팸을 달걀 끝부분에 올려 뒤집개로 돌돌 만다.
6. 김을 반으로 잘라 김발 위에 세로로 길게 얹고 밥을 전체적으로 얇게 펼친다.
   COOKAT TIP 김발 위에 비닐랩을 미리 깔아두세요.
7. 김이 위로 올라가게 뒤집은 후 ⑤의 스팸을 올려 돌돌 만다.
8. 먹기 좋은 크기로 썰어 낸다.

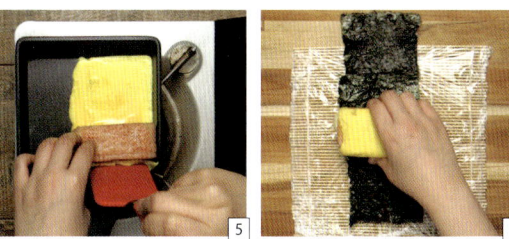

달걀지단을 둘러 더 고소해
스팸마리

1인분(2줄 분량)
20분 이하
초급

재료

즉석밥 1개(210g)
달걀 4개
스팸(200g) ⅓캔
김밥용 김 2장
김밥용 단무지 2줄
식용유 2큰술

볶음김치

김치 3줄
고춧가루 ½큰술
설탕 ½큰술
참기름 1작은술
식용유 1큰술

How to

1. 스팸은 김밥용 단무지와 비슷한 크기로 썰고, 김치는 잘게 썬다.
2. 중불로 달군 팬에 식용유를 두르고 스팸을 노릇하게 굽는다.
3. 중약불로 달군 팬에 식용유를 두르고 분량의 볶음김치 재료를 넣어 볶는다.
4. 김발 위에 김밥용 김을 올리고 밥(½ 분량)을 김의 ½ 지점까지 편다.
5. 밥 위에 볶음김치 반, 스팸 2줄, 단무지 1줄을 올려 김밥을 돌돌 만다.
6. 약불로 달군 팬에 약간의 식용유를 두르고 팬 전체에 골고루 펴 바른다.
7. 달걀은 곱게 풀어 체에 거른 후 팬에 ½을 붓고, 팬을 기울여 전체에 펼친다.
8. 약불에서 달걀물이 70~80% 정도 익으면 ⑤의 김밥을 달걀 끝부분에 올려 뒤집개로 돌돌 만다.
9. 이 과정을 반복해 1줄 더 만들고 한 김 식힌 후 2cm 두께 혹은 한입 크기로 썰어 완성한다.

COOKAT TIP 떡볶이 소스나 마요네즈에 찍어먹어도 좋아요.

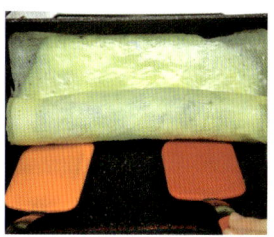

특급 볶음고추장으로 비벼 더 맛있는
비빔밥김밥

1인분(2줄 분량)
20분 이하
초급

재료

즉석밥 1개(210g)
달걀 2개
김밥용 김 1장
애호박 약간(20g)
당근 약간(20g)
식용유 약간

콩나물무침

콩나물 ⅓줌(20g)
소금 약간

볶음고추장

돼지고기(다짐육) 50g
고추장 2큰술
대파(4cm) 1개
다진 마늘 ½큰술
진간장 1작은술
설탕 1작은술
식용유 1작은술

How to

1. 애호박은 반달 모양으로 얇게 썰고 당근은 가늘게 채 썬다. 대파는 잘게 다진다.
2. 중불로 달군 팬에 식용유를 두르고 애호박과 당근을 넣어 익을 때까지 볶는다.
3. 끓는 물에 콩나물을 넣고 30초간 데쳐 물기를 뺀 후 소금을 약간 넣어 무친다.
4. 중불로 달군 팬에 식용유를 두르고 다진 파를 먼저 볶다가 돼지고기와 다진 마늘을 넣어 볶는다.
5. 고기가 어느 정도 익으면 나머지 볶음고추장 양념을 차례로 넣어 볶는다.
6. 그릇에 밥을 담고, 볶은 애호박과 당근, 콩나물무침, 볶음고추장을 넣어 비빔밥을 만든다.
7. 중약불로 달군 팬에 식용유를 두르고 반숙으로 달걀프라이를 만든다.
8. 김발 위에 김밥용 김을 깔고 ⑥의 비빔밥을 김의 ⅔ 지점까지 편다.
9. 밥 위에 달걀프라이를 올리고 돌돌 김밥을 만다.
10. 먹기 좋게 썰어 그릇에 담아 낸다.

COOKAT TIP 된장찌개와 함께 먹으면 맛 궁합도 최고, 든든한 한 끼 식사가 돼요!

몽글몽글한 달걀과 쭉 늘어지는 치즈를 한입에
UFO김치볶음밥

1인분
30분 이하
중급

재료

김치볶음밥
즉석밥 1개(210g)
김치 3줄(½컵)
김치국물 1큰술
고추장 1작은술
참기름 1작은술
설탕 ½작은술
식용유 약간

마무리
달걀 4개
통모차렐라 치즈(6x4cm) 1개
물 3큰술
소금 약간

How to

1. 김치를 잘게 썬 후 중약불로 달군 팬에 식용유를 두르고 먼저 김치를 볶는다.
2. 나머지 김치볶음밥 재료를 차례로 넣어 볶다가 밥을 넣고 볶은 뒤 참기름으로 마무리한다.
3. 밥공기에 김치볶음밥을 꾹꾹 눌러 담아 모양을 만든다.
4. 볼에 달걀, 물, 소금을 넣고 곱게 풀어 체에 거른다.
5. 중약불로 달군 팬에 ③의 밥을 뒤엎어 동그란 모양을 만든 후 ④의 달걀물을 테두리에 부어 UFO 모양을 만든다.
6. 나무젓가락으로 테두리의 달걀물을 휘휘 젓는다.
7. 달걀물이 몽글몽글해지면, 밥 위에 치즈를 올리고 뚜껑을 덮어 약불에서 5분간 치즈를 녹인다.
8. 불을 끄고 토치로 남은 치즈를 녹인 후 마무리한다.

COOKAT TIP 토치가 없다면 약불에서 7분 정도 치즈를 녹이세요.

밥

볶음밥 속 아삭하게 씹히는 깍두기의 존재감
베이컨깍두기볶음밥

1인분
20분 이하
초급

재료

볶음밥
즉석밥 1개(210g)
깍두기 10개(¾컵)
베이컨 2줄
깍두기 국물 3큰술
다진 파 1큰술
고추장 ½큰술
다진 마늘 ½큰술
고춧가루 ½큰술
후춧가루 약간
마가린 약간
식용유 약간

마무리
달걀 1개
조미 김 2장
검은깨 약간
마가린 약간

How to

1 깍두기와 베이컨은 손톱 크기로 썬다.
2 중불로 달군 팬에 마가린과 식용유를 두르고 파를 먼저 볶아 향을 낸다.
3 깍두기와 베이컨을 넣고 볶다가 데우지 않은 즉석밥을 그대로 넣어 5분 정도 볶아 고슬고슬한 볶음밥을 만든다.
4 나머지 볶음밥 양념을 차례로 넣어 볶은 후 다진 마늘, 고춧가루, 후춧가루를 넣고 볶는다.
5 볶음밥의 중앙에 구멍을 만들어 마가린을 두르고 달걀프라이를 반숙으로 익힌다.
6 김을 잘게 찢어 검은깨와 함께 볶음밥 위에 뿌려 완성한다.

매콤한 김치에 스위트콘, 고소한 치즈가 어우러진
콘치즈볶음밥

1인분
20분 이하
초급

재료

김치볶음밥
즉석밥 1개(210g)
김치 3½줌
양파 ¼개
고춧가루 1큰술
다진 마늘 ½큰술
설탕 ½큰술
식용유 약간

콘치즈
스위트콘(340g) 1캔
마요네즈 2큰술
설탕 ½큰술
소금 약간
후춧가루 약간

마무리
모차렐라 치즈 3줌(200g)
김 가루 약간
버터(2x2x2cm) ½조각

How to

1 김치와 양파는 잘게 썰고, 스위트콘은 물기를 빼서 준비한다.
2 그릇에 분량의 콘치즈 재료를 넣고 한데 섞는다.
3 중불로 달군 팬에 식용유를 두르고 김치볶음밥 재료를 넣어 볶다가 마지막에 밥을 넣고 볶는다.
4 밥공기에 ③의 밥을 꾹꾹 눌러 담아 모양을 만든다.
5 약불로 달군 팬에 버터를 두르고 ④의 밥을 뒤엎어 동그란 모양을 만든다.
6 볶음밥 주변에 ②의 콘치즈와 모차렐라 치즈를 채운 후 뚜껑을 덮어 약불에서 치즈를 녹인다.
7 치즈가 녹으면 뚜껑을 열고 김 가루를 뿌려 마무리한다.

5

6

7

밥

한식 필라프! 김치, 차돌박이, 숙주가 만들어내는 맛의 조화
김치차돌필라프

1인분
30분 이하
초급

재료

볶음밥
즉석밥 1개(210g)
차돌박이 150g
숙주 1줌(75g)
김치 1줄
쪽마늘 1개
양파 ¼개
스위트콘 2큰술
굴 소스 1큰술
돈가스 소스 1큰술
데리야키 소스 1큰술
후춧가루 약간
버터(2x2x2cm) 1조각

다시마 육수
다시마(3×3cm) 1장
물 ¾컵

마무리
달걀 2개
데리야키 소스 3큰술

How to

1 김치는 씻어 물기를 짠 후 잘게 썰고, 마늘은 편으로 썬다. 양파는 잘게 썰고, 스위트콘은 체에 받쳐 물기를 빼 준비한다.
2 찬물에 다시마를 넣고 물이 끓으면 약불로 줄여 10분 정도 더 끓여 육수를 낸다.
3 중불로 달군 팬에 버터를 두르고 마늘을 먼저 볶아 향을 낸 후 차돌박이를 볶는다.
4 차돌박이가 익으면 김치, 양파, 옥수수를 넣고 강불에서 빠르게 볶는다.
5 ④에 숙주를 제외한 나머지 볶음밥 재료와 다시마 육수를 넣고 졸이듯이 볶는다.
6 밥이 어느 정도 익으면 중불로 줄인 후 숙주를 넣고 빠르게 볶는다.
7 그릇에 달걀을 푼 후, 볶음밥을 팬 중앙으로 몰고 주변에 달걀물을 부어 약불에서 2분 정도 더 익힌다.
8 데리야키 소스를 뿌려 완성한다.

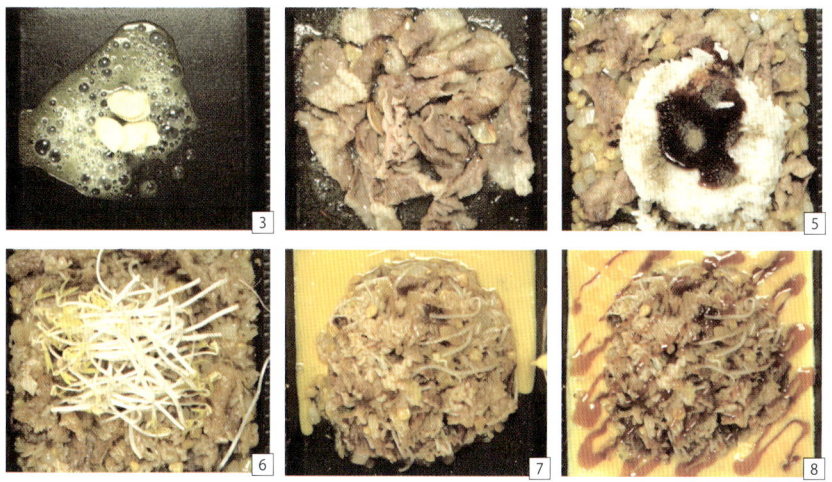

솔부추무침을 곁들여 더 특별해진 맛
삼겹살볶음밥

1인분
30분 이하
중급

재료

삼겹살 75g
미니새송이버섯 2개
쪽마늘 2개
소금 약간
후춧가루 약간

볶음밥

즉석밥 1개(210g)
양파 ⅙개
굴 소스 ¾큰술
올리고당 ½큰술
미림 ½큰술
진간장 ½작은술
다진 마늘 ½작은술
후춧가루 약간

솔부추무침

솔부추 ½줌(25g, 솔부추는
부추로 대체 가능)
매실청 ½작은술
간장 ½작은술
다진 마늘 ½작은술
고춧가루 1작은술
참기름 ½작은술
통깨 ½작은술

How to

1 양파는 잘게 썰고, 마늘은 편으로 썬다. 솔부추는 6cm 길이로 썬다.
2 그릇에 분량의 솔부추무침 재료를 넣어 버무린다.
3 중불로 달군 팬에 삼겹살을 올리고 소금과 후춧가루로 간을 한 후 앞뒤로 노릇하게 굽는다.
4 삼겹살이 어느 정도 익으면 마늘과 미니새송이버섯을 넣어 함께 굽는다.
5 구운 삼겹살을 먹기 좋은 크기로 자르고 양파를 넣어 2~3분간 볶은 후, 분량의 볶음밥 재료를 넣어 양념이 고루 배도록 강불에서 볶는다.
6 그릇에 완성된 볶음밥을 담고 솔부추무침을 올려 완성한다.

먹다 남은 떡볶이가 든든한 한 끼 식사로 변신

떡볶이볶음밥

1인분
20분 이하
초급

재료

달걀 1개
실파 약간
식용유 약간

볶음밥

즉석밥 1개(210g)
남은 떡볶이 1인분
김치 1줄
양파 ¼개
참기름 1작은술

How to

1. 김치는 송송 썰고, 양파는 잘게 다지고, 실파는 어슷 썬다.
2. 중약불로 달군 팬에 먹다 남은 떡볶이와 김치, 양파를 넣고 볶는다.
3. 김치와 양파가 어느 정도 익으면 밥을 넣어 볶다가 참기름을 두르고 볶아 볶음밥을 완성한다.
4. 약불로 달군 팬에 식용유를 두르고 달걀프라이를 한다.
5. 그릇에 볶음밥을 담고 달걀프라이와 실파를 올려 마무리한다.

치킨강정에 마요네즈와 데리야키 소스를 듬뿍
스팸치킨마요덮밥

1인분
30분 이하
중급

재료

치킨강정 2개
즉석밥 1개(210g)
스팸(200g) ½캔
식용유 약간

스크램블 에그
달걀 1개
식용유 약간

마무리
데리야키 소스 2큰술
마요네즈 1큰술
김 가루 1큰술
실파(25cm) 1줄기

How to

1. 스팸은 1cm 크기로 깍둑 썰고, 실파는 송송 썬다.
2. 중약불로 달군 팬에 식용유를 두르고 스팸을 노릇하게 굽는다.
3. 치킨강정은 전자레인지에 약 1분간 돌린 후 한입 크기로 썬다.
4. 그릇에 달걀을 풀어 달걀물을 만든다. 약불로 달군 팬에 식용유를 두르고 달걀물을 넣어 익기 시작하면 젓가락으로 휘저어 스크램블 에그를 만든다.
5. 그릇에 밥을 담고 스팸과 치킨강정, 스크램블 에그를 올린다.
6. 마요네즈와 데리야키 소스를 뿌린 후 김 가루와 실파를 뿌려 마무리한다.

장조림볶음밥 위에 올린 촉촉한 오믈렛
버터장조림덮밥

1인분
20분 이하
초급

재료

즉석밥 1개(210g)
장조림(150g) 1캔
단무지 약간(20g)
시판용 플레이크 1작은술
버터 약간

오믈렛
달걀 3개
버터 약간

How to

1. 볼에 달걀을 넣고 젓가락으로 풀어 체에 거른다.
2. 중약불로 달군 팬에 버터를 녹인 후 밥을 볶다가 장조림을 넣어 볶는다.
3. 약불로 달군 다른 팬에 버터를 녹인 후 ①의 달걀물을 넣는다. 달걀이 익기 시작하면 젓가락으로 휘저어 촉촉한 상태의 오믈렛을 만든다.
4. ②의 밥을 그릇에 담고 잘게 썬 단무지와 달걀오믈렛을 올린다.
5. 시판용 플레이크를 뿌려 완성한다.

고슬고슬한 밥에 비벼 먹는 통통한 간장새우살
간장새우밥

1인분
30분 이하
중급

재료

즉석밥 1개(210g)
달걀노른자 1개
실파 약간
김 가루 약간
통깨 약간

간장새우

새우 6마리
청양고추 4개
쪽마늘 6개
소주 1컵

간장육수

양파 ¼개
대파(7cm) 1개
쪽마늘 3개
건고추 1개
다시마(3x3cm) 1장
물 1½컵
간장 1컵
미림 ¼컵
설탕 2큰술

How to

1 냄비에 분량의 간장육수 재료를 넣어 강불에서 끓인다.
2 육수가 끓으면 다시마를 빼고 약불로 줄여서 10~15분간 더 끓인다.
3 불을 끄고 실온에서 충분히 식힌 뒤 체에 거른다.
4 새우는 등 2~3번째 마디 사이에 이쑤시개를 찔러 내장을 빼고, 가위를 이용해 뾰족한 수염, 뿔, 꼬리의 물총 부분을 제거한다.
5 손질한 새우에 소주를 부어 약 1시간 정도 그대로 둔다.
  COOKAT TIP 소주로 새우의 비린내를 잡는 과정이에요.
6 ⑤의 새우를 건져 밀폐용기에 담고, ③의 간장육수와 청양고추, 마늘을 넣어 약 3일간 숙성한다.
7 실파를 송송 썰어 준비하고, 그릇에 밥을 담아 그 위에 달걀노른자와 실파, 김 가루, 통깨를 올린다.
8 ⑥의 새우를 한입 크기로 잘라 ⑦에 올린 후 고루 비벼 먹는다.

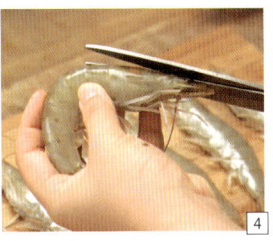
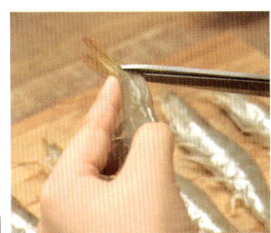

두툼한 갈비구이를 얹어 밥 한 그릇 뚝딱
갈비찜덮밥

1인분
30분 이하
중급

재료

돼지갈비 200g
즉석밥 1개(210g)
실고추 약간

갈비찜 양념

간장 2큰술
양파 약간(12g)
배 약간(12g)
다진 마늘 1큰술
설탕 1큰술
미림 ½큰술
생강 약간
후춧가루 약간

How to

1 양파와 배는 각각 믹서 또는 강판에 갈고, 생강은 잘게 다진다.
   COOKAT TIP 간 양파(또는 간 배) 기준으로는 1½큰술 분량이에요.
2 갈비는 뼈 부분을 제거하고 대각선으로 칼집을 낸 후 먹기 좋은 크기로 썬다.
3 그릇에 분량의 갈비찜 양념을 넣어 섞는다.
4 손질한 갈비에 ③의 양념을 넣어 버무린 후 약 1시간 동안 재운다.
5 중약불로 달군 팬에 양념한 갈비를 노릇하게 굽는다.
6 그릇에 밥을 담고 갈비와 실고추를 올려 완성한다.

바삭한 소고기에 달달한 간장 소스를 곁들인
소고기튀김덮밥

1인분
30분 이하
중급

재료

소고기(불고기용) 150g
즉석밥 1개(210g)
튀김가루 ½컵
식용유 적당량
소금 약간
후춧가루 약간
실파 약간

덮밥 소스

간장 3큰술
설탕 2큰술
미림 2큰술
식초 1큰술

How to

1 쟁반에 소고기를 넓게 펼친 후 소금, 후춧가루를 뿌려 밑간한다.
2 냄비에 분량의 덮밥 소스 양념을 넣고 중불에서 4~5분간 혹은 소스가 시럽처럼 살짝 걸쭉해질 때까지 저어가며 팔팔 끓인 후 식힌다.
3 밑간한 소고기에 튀김가루를 골고루 묻힌다.
4 중불로 달군 팬에 식용유를 넉넉히 두르고 ③의 고기를 튀기듯이 노릇하게 굽는다.
  COOKAT TIP 튀김을 '황금색'이 날 때까지 튀기는 것이 가장 좋아요. 그래야 먹을 때는 '황갈색'이 나면서 가장 먹기 좋은 상태가 되거든요.
5 그릇에 밥을 담아 ④의 고기를 올리고 덮밥 소스를 뿌린 뒤 실파를 송송 썰어 뿌린다.

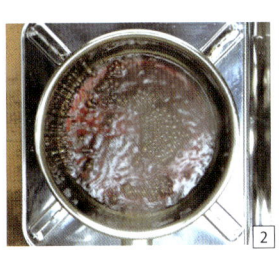

빵 대신 밥! 스팸 패티로 만든 색다른 버거
밥버거

1인분
30분 이하
중급

재료

달걀 1개
슬라이스 치즈 1장
마요네즈 1큰술
식용유 1큰술

밥버거 번(2개)
즉석밥 1개(210g)
조미 김자반 2큰술
통깨 약간
소금 약간
참기름 약간

패티(1개)
스팸(200g) ¾통
빵가루 1큰술
양파 약간(5g)
식용유 약간

볶음김치
김치 2½줄(100g)
참기름 1큰술

How to

1   양파는 다지고, 김치는 잘게 썬다.
2   그릇에 분량의 밥버거 재료를 넣어 섞는다.
3   다른 그릇에 스팸을 넣어 포크로 잘게 으깬 후 나머지 패티 재료를 넣고 치대어서 지름 9x2cm 크기의 햄버거 패티 모양으로 빚는다.
4   중불로 달군 팬에 식용유를 두르고 ③의 패티를 앞뒤로 노릇하게 굽는다.
5   약불로 달군 팬에 식용유를 두르고 달걀프라이를 만든다.
6   중약불로 달군 팬에 참기름을 두르고 김치를 볶는다.
7   ②의 밥을 그릇에 얇게 눌러 담고 도마 위에 뒤집어서 패티와 동일한 크기로 2개를 완성한다.
8   ⑦의 밥 1장에 마요네즈를 바른 후 구운 패티와 슬라이스 치즈, 볶음김치, 달걀프라이 순으로 올린다.
9   남은 밥 1장을 맨 위에 덮거나 버거에 살짝 걸쳐서 완성한다.

닭고기와 카레밥을 품은 이색적인 김밥
버거김밥

1인분
30분 이하
중급

재료

닭다리살 200g
김밥용 김 1장
상추 2장
양파 ¼개
대파(2cm) 1개
달걀 2개
식용유 약간

닭고기 밑간

설탕 2½큰술
청주 1큰술
다진 마늘 1작은술
소금 약간
후춧가루 약간

닭고기 양념

고추장 1⅓큰술
미림 1큰술
물 1큰술
고춧가루 1작은술
청양고추 1개

카레밥

즉석밥 1½개(105g)
카레가루 1큰술
참기름 2작은술
통깨 2작은술
소금 약간

How to

1 양파, 대파, 청양고추는 잘게 다지고, 닭고기는 1×1cm 크기로 잘게 썬다.
2 그릇에 닭고기와 분량의 밑간 재료를 한데 섞은 후 재운다.
3 다른 그릇에 분량의 닭고기 양념을 넣어 섞는다.
4 중약불로 달군 팬에 밑간해 둔 닭고기와 양파, 대파, ③의 양념을 넣어 볶는다.
5 약불로 달군 다른 팬에 식용유를 살짝만 두르고 달걀을 곱게 푼 다음 팬에 부어 지단을 만든다.
6 달걀지단을 12×6cm 길이로 썬다.
7 그릇에 분량의 카레밥 재료를 넣어 섞는다.
8 김을 마름모 모양으로 깔고 카레밥 ½ 분량을 중앙에 직사각 모양으로 편다.
9 그 위에 상추와 ④의 닭고기, 달걀지단, 나머지 카레밥을 올리고 보자기를 싸듯이 김으로 감싸 만다.
10 비닐랩을 씌워 단단하게 고정한 후 반으로 자른다.

고추장밥 위에 불고기와 치즈를 올려 따끈하게 먹는
불고기치즈뚝배기밥

1인분
20분 이하
초급

재료

즉석밥 1개(210g)
스위트콘 3큰술(45g)
모차렐라 치즈 2줌(70g)
통깨 약간
식용유 약간

불고기
돼지고기 앞다리살
(불고기용) 200g
양파 ½개
쪽마늘 2개
식용유 1큰술

불고기 양념
간장 2큰술
매실액 ½큰술
올리고당 ½큰술
미림 ½큰술
다진 마늘 ½큰술
설탕 ½큰술
참기름 1큰술
후춧가루 약간

밥 양념
고추장 1큰술
불고기 양념 3큰술

How to

1 양파는 채 썰고, 마늘은 편으로 썬다. 스위트콘은 물기를 빼둔다.
2 그릇에 분량의 불고기 양념 재료를 넣어 섞은 후 3큰술 정도를 다른 그릇에 덜어둔다.
3 덜어낸 불고기 양념에 고추장 1큰술을 넣어 섞는다.
4 ②의 불고기 양념에 돼지고기를 버무려 재우고, ③의 양념에 밥을 넣어 비빈다.
5 중불로 달군 팬에 식용유를 두르고, 양파와 마늘을 넣어 볶은 다음 재워 두었던 불고기를 넣고 볶는다.
6 약불로 달군 뚝배기에 식용유를 두르고 ④의 밥을 넣어 평평하게 편다.
7 그 위에 ⑤의 불고기 ½ 분량과 모차렐라 치즈, 스위트콘, 남은 불고기를 차례로 넣고 뚜껑을 덮어 약 3분간 치즈를 녹인다.
8 치즈가 녹으면 뚜껑을 열고 통깨를 뿌려 완성한다.

새콤달콤한 밥 위에 치즈를 듬뿍 올려 녹인
베이컨치즈밥

1인분
20분 이하
초급

재료

즉석밥 1개(210g)
베이컨 2줄
스위트콘 2큰술(30g)
모차렐라 치즈 3줌(105g)
참기름 1작은술
김 가루 약간

밥 양념

양파 ¼개
케첩 2큰술
고추장 1큰술
물 1큰술
물엿 ½큰술

How to

1 베이컨과 양파는 1×1㎝ 크기로 썰고, 스위트콘은 물기를 빼둔다.
2 그릇에 분량의 밥 양념 재료를 넣어 섞는다.
3 약불로 달군 뚝배기에 참기름을 바르고 밥과 ②의 양념, 베이컨, 옥수수를 넣어 섞는다.
4 밥을 평평하게 편 후 김 가루, 모차렐라 치즈를 넣고 뚜껑을 덮어 약 5분간 치즈를 녹인다.
5 치즈가 녹으면 불을 끄고 고루 비벼 먹는다.

간단하지만 격식 있게 즐기는 한 접시

오므라이스

1인분
30분 이하
중급

재료

볶음밥
즉석밥 1개(210g)
애호박 ⅕개
당근 ⅕개
스팸(340g) ¼캔
양파 ¼개
소금 약간
후춧가루 약간
식용유 약간

소스
돈가스 소스 ½컵
굴 소스 2큰술
케첩 ¼컵
올리고당 2큰술
물 ½컵

마무리
달걀 2개
건파슬리 가루 약간

How to

1. 애호박, 당근, 스팸, 양파는 모두 같은 크기로 잘게 썬다.
2. 중약불로 달군 팬에 식용유를 두르고 채소를 먼저 넣고 소금과 후춧가루로 간해서 볶는다.
3. 채소가 살짝 익으면 밥을 넣어 볶는다.
4. 달걀을 곱게 풀어 약불로 달군 다른 팬에 얇게 둘러서 지단을 부친다.
5. 달걀형(타원형) 그릇에 지단을 올리고 볶음밥을 담는다.
6. 지단으로 밥을 감싸고 다른 접시를 덮은 후 뒤엎는다.
7. 약불로 달군 팬에 분량의 소스 재료를 넣고 저어가며 살짝 끓인다.
8. ⑥에 소스를 붓고 건파슬리 가루를 뿌려 완성한다.

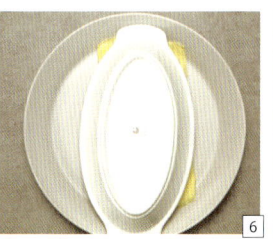

2

후다닥
한 끼

면

밥은 지겨워,
면으로
입맛을
돋워볼까?

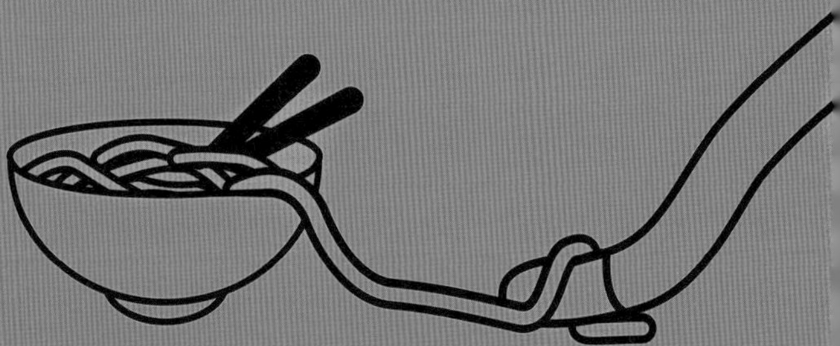

면

잔치국수
차돌잔치국수
돼지고기비빔국수
열무비빔국수
쟁반막국수
닭우동
주꾸미볶음우동
갈비우동
육개장칼국수
제육볶음칼국수

진한 멸치육수와 새콤한 볶음김치가 내는 시너지
잔치국수

1인분
30분 이하
초급

재료

소면 150g
유부 5장
대파(10cm) 2개
김 가루 2줌(3g)

볶음김치

김치 1¼줄
고춧가루 1큰술
참기름 1큰술
통깨 1큰술
다진 마늘 ½큰술
설탕 ½큰술

육수

물 3컵
육수용 멸치 7~8마리
다시마(3x3cm) 1장
국간장 1큰술
소금 ½큰술

How to

1 냄비에 물과 멸치, 다시마를 넣고 중불에서 은근하게 우리다가 끓기 직전에 다시마는 건져내고 약불에서 20분 정도 더 끓인 뒤 체에 거른다. 국간장과 소금으로 간한다.
2 유부는 1cm 간격으로 썬다. 김치는 잘게 썰고, 대파는 송송 썬다.
3 중약불로 달군 팬에 분량의 볶음김치 재료를 넣어 볶는다.
4 끓는 물에 소면을 넣어 거품이 솟아오르면 찬물 ½컵을 붓고, 다시 끓어오르면 찬물 ½컵을 더 부어 끓인다. 1번 더 끓으면 건져서 찬물에 비벼 씻은 뒤 체에 받쳐둔다.
5 그릇에 소면을 담고 유부와 대파를 넉넉히 올린 후 김 가루를 얹는다.
6 ②의 육수를 붓고 볶음김치를 올려 완성한다.

부드러운 차돌박이와 새콤달콤한 양파절임을 곁들인
차돌잔치국수

1인분
20분 이하
초급

재료

차돌박이 70g(7장)
소면 100g
숙주 1줌(75g)
대파(10cm) 1개

고기양념

간장 1큰술
맛술 1큰술
참기름 1큰술
설탕 ½큰술
후춧가루 약간

양파절임

양파 ½개
식초 4큰술
물 2큰술
설탕 1큰술
소금 약간

육수

물 3컵
육수용 멸치 10마리
다시마(4x4cm) 2장
국간장 2큰술
식초 1큰술
설탕 ½큰술
소금 약간

How to

1. 냄비에 물과 멸치, 다시마를 넣어 중불에서 은근하게 우리다가 끓기 직전에 다시마는 건져내고 약불에서 20분 정도 더 끓인 뒤 체에 거른다.
2. 간장, 식초, 설탕, 소금으로 간을 맞춘다.
3. 양파는 0.2cm 두께의 링 모양으로 얇게 썰고, 대파는 송송 썬다.
4. 그릇에 분량의 양파절임 양념 재료를 섞은 후 양파를 넣고 20분 정도 절인다.
5. 다른 그릇에 분량의 고기양념 재료를 섞은 후 차돌박이를 넣고 버무려 강불에서 1장씩 펼쳐 굽는다.
6. 끓는 물에 소면을 넣어 거품이 솟아오르면 찬물 ½컵을 붓고, 다시 끓어오르면 찬물 ½컵을 더 부어 끓인다. 1번 더 끓으면 건져서 찬물에 비벼 씻은 뒤 체에 밭쳐둔다.
7. 그릇에 물기를 제거한 소면을 담고 숙주를 올린 후 ②의 육수를 붓는다.
8. 구운 차돌박이, 양파절임을 넉넉히 얹고, 대파를 올려 완성한다.

돼지고기 볶음고추장으로 쓱쓱 비벼 한입 크게
돼지고기비빔국수

1인분
20분 이하
초급

재료

돼지고기(다짐육) 100g
소면 150g
달걀 1개
상추 2장
양파 ¼개
깻잎 3장
참기름 1큰술
통깨 약간
식용유 1큰술

양념장

고추장 2큰술
간장 1큰술
매실청 1큰술
올리고당 1큰술
식초 1큰술
물 ⅔컵
무 약간(7g)
고춧가루 1큰술
설탕 1큰술
다진 마늘 ½큰술

How to

1. 상추는 반으로 썰고, 양파와 깻잎은 얇게 채 썬다. 무는 강판에 간다.
2. 그릇에 분량의 양념장 재료를 넣어 섞는다.
3. 중불로 달군 팬에 식용유를 두르고 돼지고기와 ②의 양념장을 넣고 볶은 후 실온에서 30분 정도 식힌다.
4. 끓는 물에 달걀을 넣고 약 12분간 삶은 후 건져 얼음물에 식히고 껍질을 벗겨 반으로 썬다.
5. 끓는 물에 소면을 넣어 거품이 솟아오르면 찬물 ½컵을 붓고, 다시 끓어오르면 찬물 ½컵을 더 부어 끓인다. 1번 더 끓으면 건져서 찬물에 비벼 씻은 뒤 체에 밭쳐둔다.
6. ③의 볶음고추장에 소면과 양파, 상추, 참기름을 넣어 비빈다.
7. 그릇에 옮겨 담은 후 달걀 반쪽과 채소를 고루 얹고 통깨를 뿌려 완성한다.

면

아삭아삭한 오이와 열무가 매력적인 여름 국수
열무비빔국수

1인분
30분 이하
초급

재료

소면 100g
열무김치 ½줌(60g)
달걀 1개
쌈무 2장
오이 ¼개
참기름 1큰술
통깨 약간

양념장

김치국물 4큰술
식초 3큰술
고추장 1큰술
간장 1큰술
물엿 1큰술
고춧가루 1큰술
설탕 1큰술
참기름 1큰술
다진 마늘 ½큰술
대파(4cm) 1개

How to

1 오이는 곱게 채 썰고, 대파는 다진다. 쌈무는 한입 크기로 썬다.
2 그릇에 분량의 양념장 재료를 넣어 섞는다.
3 끓는 물에 달걀을 넣고 12분간 삶은 후 껍질을 벗겨 반으로 자른다.
4 끓는 물에 소면을 넣어 거품이 솟아오르면 찬물 ½컵을 붓고, 다시 끓어오르면 찬물 ½컵을 더 부어 끓인다. 1번 더 끓으면 건져서 찬물에 비벼 씻은 뒤 체에 밭쳐둔다.
5 볼에 소면을 담고 ②의 양념장과 열무김치, 참기름을 넣어 비빈 후 그릇에 담는다.
6 달걀 반쪽, 쌈무, 오이를 얹고 통깨를 뿌린다.

메밀 면에 갖가지 채소와 양념장을 넣어 푸짐하게 비빈

쟁반막국수

1인분
30분 이하
초급

재료

메밀 면 100g
달걀 1개
상추 3장
적양배추 ⅛개
양배추 ⅛개
당근 ⅛개
김 가루 약간
다진 아몬드 약간

양념장

고춧가루 2큰술
간장 2큰술
식초 2큰술
설탕 1½큰술
사과주스 ½큰술
다진 마늘 1작은술
연겨자 1작은술
사이다 ¼컵
소금 약간

How to

1. 상추는 큼직하게 썰고, 적양배추, 양배추, 당근은 가늘게 채 썬다. 아몬드는 잘게 다진다.
2. 그릇에 분량의 양념장 재료를 넣어 섞는다.
3. 끓는 물에 달걀을 넣고 12분간 삶은 후 껍질을 벗겨 반으로 자른다.
4. 끓는 물에 메밀 면을 넣고 엉겨 붙지 않도록 잘 젓다가 거품이 1번 끓어오르면 찬물 ½컵을 붓고, 다시 끓어오르면 찬물 ½컵을 더 부어 약 6분간 삶는다. 삶은 면을 건져 찬물에 비벼 씻은 뒤 체에 밭친다.
5. 접시 가운데에 메밀 면을 담고 채소를 골고루 올린 후 ②의 양념장을 끼얹는다.
6. 달걀 반쪽을 얹고 김 가루와 다진 아몬드를 뿌려 완성한다.

고추장 소스로 풍미를 더한 볶음우동
닭우동

1인분
30분 이하
초급

재료

닭다리살 150g
우동사리 면 200g
양파 ¼개
양배추 2장(50g)
당근 ⅛개(40g)
통깨 약간
식용유 1큰술

닭고기 밑간

청주 1큰술
생강 약간
소금 약간
후춧가루 약간

양념장

고추장 3큰술
매실청 3큰술
고춧가루 2큰술
간장 2큰술
미림 2큰술
물엿 1큰술
다진 마늘 1큰술
카레가루 1큰술
참기름 1작은술
후춧가루 약간

How to

1. 양파는 1cm 두께로 채 썬다. 양배추는 한입 크기로 썰고, 당근은 반달 모양으로 얇게 썬다.
2. 볼에 닭고기와 분량의 밑간 재료를 넣어 양념이 고루 배도록 버무린다.
3. 끓는 물에 우동사리 면을 넣고 뭉쳐 있던 면이 풀어지도록 젓가락으로 휘저어 2분 정도 삶은 후 찬물에 비벼가며 씻어 체에 밭친다.
4. 다른 볼에 분량의 양념장 재료를 넣어 섞는다.
5. 중불로 달군 팬에 식용유를 두른 후 ②의 밑간한 닭고기와 채소를 넣어 볶는다.
6. 닭과 채소가 어느 정도 익으면 삶은 우동 면과 ④의 양념장을 넣고 양념이 고루 배도록 잘 볶은 다음 깨를 뿌려 완성한다.

> **COOKAT TIP** 남은 양념에 밥을 볶아 먹어도 맛있어요. 즉석밥과 김 가루만 있으면 돼요.

쫄깃한 주꾸미볶음에 우동사리가 퐁당
주꾸미볶음우동

1인분
30분 이하
초급

재료

주꾸미 3마리
우동사리 면 200g
양파 ¼개
당근 약간(30g)
미나리 1줌(30g)
대파(5cm) 1개
식용유 1큰술

주꾸미 양념

고춧가루 2큰술
간장 1큰술
올리고당 1큰술
청주 1큰술
다진 마늘 1작은술
후춧가루 약간

How to

1. 주꾸미 머리를 가위로 세로로 잘라 안에 있는 내장을 제거한다. 주꾸미 이빨과 눈알을 뺀 뒤 밀가루를 뿌려 반죽하듯 바락바락 주물러 불순물을 제거한다.
2. 깨끗하게 손질한 주꾸미를 한입 크기로 썬다.
3. 양파는 채 썰고, 당근은 반달 모양으로 썬다. 미나리는 5cm 길이로 썰고, 대파는 어슷 썬다.
4. 끓는 물에 우동사리 면을 넣고 뭉쳐 있던 면이 풀어지도록 젓가락으로 휘저어 2~3분 정도 삶은 후 찬물에 비벼가며 씻어 체에 밭친다.
5. 그릇에 분량의 주꾸미 양념 재료를 넣어 섞는다.
6. 중불로 달군 팬에 식용유를 두르고, 먼저 당근과 양파를 1분 정도 볶는다.
7. ③의 주꾸미에 양념 ½ 분량을 넣고 볶는다.
8. 주꾸미와 채소가 어느 정도 익으면 삶은 우동사리 면과 남은 양념 ½을 넣고 양념이 고루 배도록 볶는다.
9. 마지막에 미나리와 대파를 넣고 1분 정도 더 볶아 완성한다.

면

바짝 구운 돼지갈비와 뜨끈한 우동이 만나면
갈비우동

1인분
30분 이하
초급

재료

돼지고기 앞다리살
(불고기용) 500g
우동사리 면 200g
유부 5장
손질된 미나리 1줌(40g)
대파(5cm) 1개
김 가루 1줌
고춧가루 1큰술

갈비 양념

간장 2큰술
미림 1큰술
설탕 1큰술
후춧가루 약간

육수

물 3컵
육수용 멸치 6~7마리
다시마(3x3cm) 2장
가쓰오부시 1줌(15g)
간장 2큰술
소금 약간
후춧가루 약간

How to

1 유부는 1cm 두께로 썰고, 미나리는 5cm 길이로 썬다. 대파는 송송 썬다.
2 그릇에 분량의 갈비 양념 재료를 섞은 후 돼지고기를 넣어 재운다.
3 중불로 달군 팬에 ②의 고기를 올려 노릇하게 굽는다.
4 냄비에 물과 멸치, 다시마, 가쓰오부시를 넣어 끓어오르면 약불로 줄인 후 15분 정도 더 끓인다.
5 ④에 간장, 소금, 후춧가루를 넣어 간을 해 육수를 완성한다.
6 끓는 물에 우동사리 면을 넣고 뭉쳐 있던 면이 풀어지도록 젓가락으로 휘저어 2~3분 정도 삶은 후 찬물에 비벼가며 씻어 체에 밭친다.
7 그릇에 삶은 우동 면을 담고 유부, 미나리를 올린 후 육수를 붓고 대파, 김 가루, 고춧가루를 올려 마무리한다.
8 구운 갈비를 우동에 곁들여 먹는다.

칼칼한 육개장에 곁들인 칼국수 면, 공깃밥은 덤!
육개장칼국수

1인분
1시간 이하
중급

재료

시판용 데친 고사리
1줌(150g)
대파(15cm) 1개
칼국수 면 75g

양념

고춧가루 2큰술
간장 1½큰술
국간장 1큰술
다진 마늘 ½큰술
참기름 ½큰술
고추기름 ½큰술

육수

물 3¾컵(750ml)
소고기(양지) 150g
무 ⅛개
양파 ¼개
대파(15cm) 1개
쪽마늘 3개

면

How to

1 소고기를 볼에 넣고 찬물을 넣어 10분간 핏물을 뺀다.
　└ **COOKAT TIP** 찬물은 소고기 부피의 3배 이상 분량으로 넣으면 돼요.

2 육수용 대파는 3등분하고, 육개장용 대파는 반으로 갈라 3등분한다.

3 냄비에 분량의 육수 재료를 넣어 뚜껑을 덮고 강불에서 끓인다. 한소끔 끓으면 거품을 걷어내고 중약불로 줄여서 소고기가 푹 익도록 1시간 정도 더 끓인다.

4 소고기는 한 김 식힌 후 손으로 잘게 찢고, 육수는 체에 걸러둔다.

5 데친 고사리는 아린 맛이 빠지도록 찬물에 비벼 씻은 후, 끓는 물에 소금과 같이 넣고 물이 끓어오르면 고사리를 건진 후 찬물에 헹군다.

6 냄비에 소고기와 고사리, 대파를 담고 분량의 양념을 넣어 버무린다.

7 ⑥에 참기름을 두르고 재료가 타지 않도록 중불에서 볶다가 ④의 육수를 부어 뚜껑을 덮고 끓인다.

8 ⑦이 끓어오르면 국간장과 고추기름을 넣어 간을 맞춘 후 한소끔 더 끓인다.

9 끓는 물에 칼국수 면을 넣어 1번 끓어오르면 찬물 ½컵을 붓고, 다시 끓어오르면 찬물 ½컵을 더 부어 끓인다. 3번째 끓어오르면 체에 밭쳐 건져낸 후 찬물에 헹궈 남아 있는 전분을 제거한다.
　└ **COOKAT TIP** 육개장 국물에 칼국수 면을 바로 넣을 경우에는 면을 물에 헹궈주세요. 칼국수 면에 묻은 밀가루를 털지 않으면 국물이 너무 걸쭉해지거든요.

10 그릇에 삶은 칼국수 면을 담고 육개장을 부어 완성한다.

제육볶음에 면과 파채, 달걀프라이를 넣고 비벼 후루룩

제육볶음칼국수

1인분
30분 이하
초급

재료

돼지고기(뒷다리살) 150g
칼국수 면 150g
양배추 2징(50g)
양파 ¼개
파채 1줌(60g)
달걀 1개
식용유 1큰술(제육볶음용)
식용유 약간(달걀프라이용)

제육볶음 양념

물 2큰술
고추장 1큰술
고춧가루 1큰술
간장 1큰술
미림 1큰술
다진 마늘 ½큰술
설탕 ½큰술
참기름 ½큰술

How to

1 양배추는 2x2cm 크기로 사각 썰고, 양파는 채 썬다.
2 그릇에 돼지고기와 분량의 양념 재료를 넣고 양념이 고루 배도록 버무린다.
3 중불로 달군 팬에 식용유를 두르고 양념한 돼지고기와 양파, 양배추를 넣어 고기가 익을 때까지 볶는다.
4 끓는 물에 칼국수 면을 넣어 1번 끓어오르면 찬물 ½컵을 붓고, 다시 끓어오르면 찬물 ½컵을 더 부어 끓인다. 3번째 끓어오르면 체에 밭쳐 건져낸 후 찬물에 헹궈 남아 있는 전분을 제거한다.
5 중불로 달군 팬에 식용유를 두르고 달걀프라이를 한다.
6 삶은 칼국수 면을 그릇에 담고 제육볶음과 파채, 달걀프라이를 얹어 완성한다.

3

후다닥 한 끼

양식

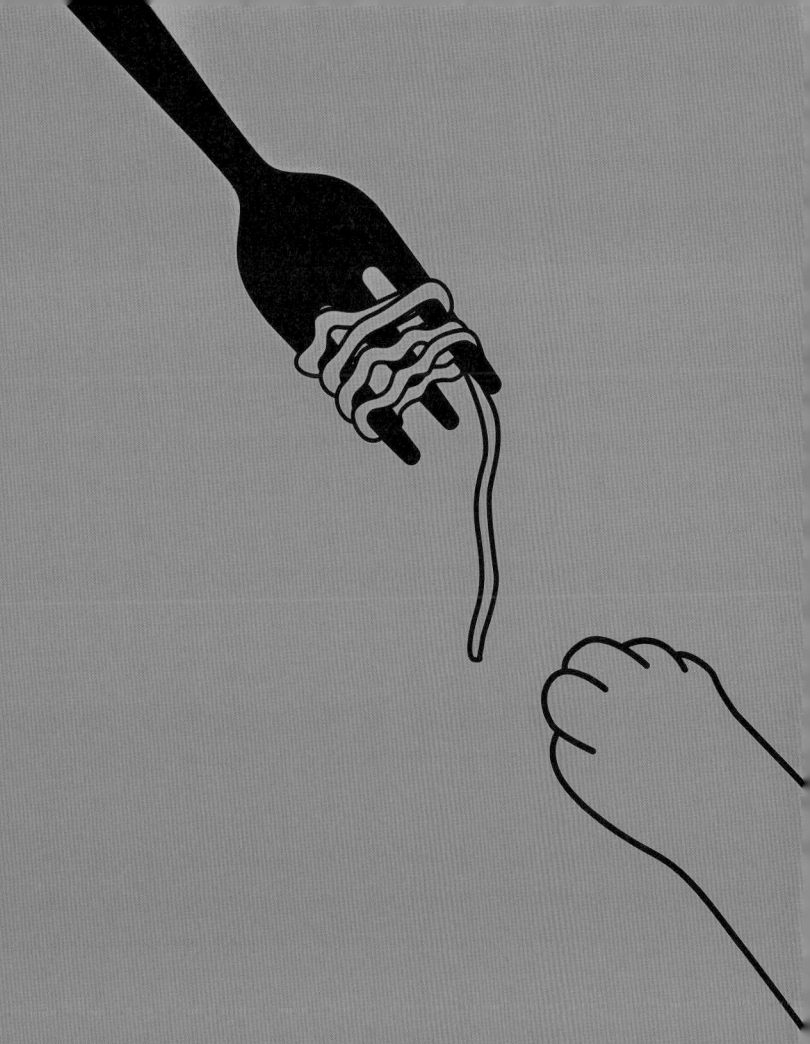

오늘
한식 느낌은
아냐
파스타 어때?

양식

고추참치파스타
스테이크크림파스타
새우까수엘라파스타
돈가스파스타
샐러드파스타
치즈버거마카로니
키조개크림리소토
볼로네제라자냐
목살스테이크샐러드
삼겹살스테이크
피자햄버그스테이크
새우크림퐁듀
콘치즈달걀피자
통새우치즈케사디야
크루아상불고기버거
몬테크리스토버거

고추참치캔으로 만드는 근사한 식탁
고추참치파스타

1인분
30분 이하
초급

재료

스파게티 면 80g
고추참치(85g) 1캔
양파 ¼개
청양고추 1개
쪽마늘 3개
면수 ¼컵
소금 1큰술
파슬리 가루 약간
올리브유 약간

How to

1. 양파는 채 썰고, 청양고추는 송송 썬다. 마늘은 편으로 썬다.
2. 큰 냄비에 넉넉한 양의 물을 끓여 소금과 스파게티 면을 넣고 약 6분간 삶은 뒤 체에 받쳐 물기를 뺀다. 이때 면수(면 삶은 물) ½컵은 버리지 말고 남겨둔다.
3. 중약불로 달군 팬에 올리브유를 두르고 마늘과 청양고추를 넣어 볶다가 양파와 고추참치를 넣고 볶는다.
4. ③에 ②의 면수를 넣어 졸이듯이 볶다가 삶은 면을 넣고 볶는다.
5. 스파게티 면에 소스가 골고루 배면 그릇에 옮겨 담고 파슬리 가루를 뿌려 마무리한다.

양식

눈 녹듯 부드러운 크림파스타와 육즙 가득한 스테이크

스테이크크림파스타

1인분
30분 이하
중급

재료

소고기(채끝살) 200g
쪽마늘 3개
버터(1x1x1cm) 2조각
올리브유 4큰술
소금 약간
후춧가루 약간

크림파스타

스파게티 면 100g
양파 ½개
쪽마늘 3개
체더 슬라이스 치즈 2장
우유 1½컵
올리브유 1큰술
소금 약간
후춧가루 약간
파슬리 가루 약간

How to

1. 마늘(총 6개)은 편으로 썰고, 양파는 가늘게 채 썬다. 소고기에 소금과 후춧가루를 뿌려 밑간한다.
2. 강불로 달군 팬에 올리브유 4큰술을 두르고 밑간한 소고기를 올려 앞뒤로 약 30초씩 노릇하게 굽는다.
3. ②를 약불로 줄이고 소고기용으로 썰어둔 마늘과 버터를 넣는다. 소고기에 녹은 버터를 고루 끼얹어가며 익힌다.
4. 완성한 스테이크는 5분 정도 휴지시킨 뒤 먹기 좋은 크기로 썬다.
5. 큰 냄비에 넉넉한 양의 물을 끓여 소금과 스파게티 면을 넣고 약 8분간 삶은 뒤 체에 밭쳐 물기를 뺀다.
6. 중약불로 달군 팬에 올리브유 1큰술을 두르고 편으로 썬 마늘을 넣는다.
7. 마늘이 노릇하게 구워지면 양파를 넣어 볶다가 우유, 체더 슬라이스 치즈, 소금, 후춧가루를 넣고 저어가며 끓인다.
8. 치즈가 다 녹으면 ⑦의 팬에 삶은 스파게티 면을 넣어 버무린다.
9. ⑧의 크림파스타를 접시에 담고 그 위에 ④의 고기를 얹는다. 파슬리 가루를 뿌려 완성한다.

양식

통통한 새우와 마늘의 풍미를 더한 오일파스타
새우까수엘라파스타

1인분
20분 이하
초급

재료

스파게티 면 90g
냉동새우 12마리
쪽마늘 5개
페페론치노 8개
마늘칩 약간
올리브유 1컵
소금 1큰술
후춧가루 약간
바질 가루 약간

How to

1. 마늘은 편으로 썰고, 페페론치노는 반으로 자른다.
   COOKAT TIP 페페론치노는 청양고추나 건고추로 대체 가능해요.
2. 냉동새우는 소금물에 담가 해동한 후 건져서 물기를 제거한다.
3. 큰 냄비에 넉넉한 양의 물을 끓여 소금과 스파게티 면을 넣고 약 8분간 삶은 뒤 체에 밭쳐 물기를 뺀다.
4. 중불로 달군 팬에 올리브유를 넉넉하게 붓고, 고명으로 올릴 마늘(약 2개분)을 먼저 노릇하게 튀긴 후 건져내 기름을 뺀다.
   COOKAT TIP 마늘칩이 없을 경우, 이렇게 만들어 사용하세요.
5. ③의 기름에 파스타용 마늘(약 3개분)과 페페론치노를 넣은 다음 기름이 지글지글 끓으면 새우를 넣는다.
6. 새우가 어느 정도 익으면 후춧가루와 바질 가루를 뿌리고 30초 정도 더 끓인다.
7. 접시에 삶아둔 면을 담고 ⑥을 부은 후 ④의 마늘칩을 올려 마무리한다.

양식

바삭한 돈가스 위에 얹은 토마토소스 해물파스타
돈가스파스타

1인분
30분 이하
고급

재료

돼지고기(등심) 180g
달걀 1개
빵가루 1컵
밀가루 ½컵
그라나파다노
치즈(1x1x1cm) 1조각
식용유 적당량
소금 적당량
후춧가루 약간
이태리파슬리 약간

파스타

삼색 펜네 면 90g(3줌)
오징어 ½마리
새우 4마리
모시조개 1줌(150g)
양파 ¼개
쪽마늘 3개
토마토소스 1½컵
화이트와인 2큰술
소금 1작은술
올리브유 1큰술

How to

1. 모시조개는 그릇에 담아 잠길 정도의 소금물(물 2½컵당 소금 1큰술)을 넣고 뚜껑을 덮어 어두운 곳에서 3시간 이상 혹은 반나절 정도 해감한다.
   COOKAT TIP 해감용 소금은 굵은소금이나 천일염을 사용하는 것이 좋아요.
2. 새우는 등 2~3번째 마디 사이에 이쑤시개를 찔러 내장을 빼고, 가위를 이용해 뾰족한 수염, 뿔, 꼬리의 물총 부분을 제거한다.
3. 오징어는 내장과 먹물, 연골막 등을 제거한 후, 손에 굵은소금을 묻혀 껍질을 벗겨낸다. 굵은소금으로 다리를 비벼 빨판에 붙은 이물질을 제거하고 물에 깨끗이 씻는다.
4. 손질한 오징어 몸통은 링 모양으로 썬다. 양파는 채 썰고, 마늘은 편으로 썬다.
5. 돼지고기는 고기망치로 두들겨 0.5cm 두께로 얇게 편 후 소금과 후춧가루로 밑간한다.
6. 달걀을 곱게 푼 다음, 밑간한 고기에 밀가루, 달걀물, 빵가루 순서로 튀김옷을 입힌다.
7. 팬에 넉넉한 양의 기름을 넣어 약 170℃로 달군 후 ④의 고기를 넣고 약 4분간 튀긴다. 이때, 국자로 돈가스 중앙을 눌러 그릇 모양을 만든다.
8. 큰 냄비에 넉넉한 양의 물을 끓여 소금과 펜네 면을 넣고 약 10분간 삶은 뒤 체에 밭쳐 물기를 뺀다.
9. 중불로 달군 팬에 올리브유를 두르고 썰어둔 마늘과 양파를 넣어 노릇하게 볶다가 새우와 모시조개를 넣고 볶는다.
10. 새우가 어느 정도 익으면 오징어를 넣고 볶다가 화이트와인을 넣어 강불에서 빠르게 볶는다.
11. ⑩에 토마토소스와 삶아둔 면을 넣어 살짝 볶은 후 불을 끈다.
12. ⑦의 돈가스에 완성된 파스타를 담고 그 위에 그레이터로 그라나파다노 치즈를 간 다음 이태리파슬리를 올려 완성한다.

5

6

7

11

12

바질페스토로 버무려 가볍게 즐기는 한 그릇
샐러드파스타

1인분
30분 이하
중급

재료

콘킬리에 면
17~18개(150g)
방울토마토 5~6개(30g)
비타민 20장(30g)
라디치오 2장(20g)
로메인 3장(10g)
루콜라 1줌(20g)
소금 1큰술

바질페스토

바질 1¼줌(30g)
잣 3큰술(30g)
쪽마늘 1개
그라나파다노
치즈(6x2x2cm) 1조각(30g)
올리브유 2큰술
소금 약간

How to

1. 믹서에 분량의 바질페스토 재료를 넣어 곱게 간다.
2. 큰 냄비에 넉넉한 양의 물을 끓여 소금과 콘킬리에 면을 넣고 약 12분간 삶은 뒤 체에 밭쳐 물기를 뺀다.
3. 샐러드 채소는 물에 깨끗이 씻어 물기를 제거한 후 한입 크기로 손질한다.
4. 그릇에 삶은 면과 바질페스토, 손질한 채소와 반으로 썬 방울토마토를 넣고 살살 버무린다.
   COOKAT TIP 치즈를 좋아한다면 이 단계에서 취향껏 치즈를 첨가하세요. 치즈의 고소한 향이 한껏 증폭될 거예요.
5. 그릇에 예쁘게 담아 낸다.

1

2

4

숟가락 전쟁을 부르는 원팬 요리
치즈버거마카로니

2인분
30분 이하
중급

재료

소고기(다짐육) 200g
마카로니 1¼컵(150g)
체더 치즈 2줌(70g)
모차렐라 치즈 2줌(70g)
토마토소스 1컵
우유 ½컵
토마토 ½개(80g)
양파 약간(15g)
다진 마늘 1큰술
올리브유 2큰술
홀그레인 머스터드 2큰술
우스터소스 2큰술
케첩 1큰술
소금 약간
후춧가루 약간
파슬리 가루 1작은술

How to

1. 큰 냄비에 넉넉한 양의 물을 끓여 소금과 마카로니를 넣고 약 8분간 삶은 뒤 체에 밭쳐 물기를 뺀다.
2. 토마토와 양파는 잘게 다진다.
3. 중약불로 달군 팬에 올리브유를 두르고 다진 마늘과 양파를 볶는다.
4. 마늘 향이 올라오기 시작하면 소고기를 넣어 볶다가 소금과 후춧가루로 간한다.
5. 마카로니와 치즈를 제외한 나머지 분량의 재료를 넣고 약불에서 5분 이상 보글보글 끓인다.
6. 모차렐라 치즈와 체더 치즈, ①의 마카로니를 넣고 치즈가 녹을 때까지 젓는다.
7. 파슬리 가루를 뿌려 마무리한다.

양식

쫄깃한 키조개살과 치킨스톡으로 감칠맛을 낸
키조개크림리소토

1인분
30분 이하
중급

재료

키조개 1개
쌀 ½컵
양파 ¼개
페페론치노 3개
다진 마늘 1작은술
올리브유 1큰술
파슬리 가루 약간

크림소스

생크림 1컵
치킨스톡 2컵
체더 치즈(3x3x3cm) 1조각
소금 약간
후춧가루 약간

How to

1. 쌀은 깨끗이 씻고, 양파와 페페론치노는 잘게 다진다.
   COOKAT TIP 쌀을 불릴 경우 부서질 수 있으니 생쌀을 사용하세요.
2. 키조개를 반으로 갈라 조개 껍데기와 내용물(관자, 조갯살, 내장)을 분리한다. 껍데기 반쪽은 플레이팅을 위해 남겨둔다.
3. 조개 내장은 버리고 관자와 조갯살을 1x1cm 크기로 썬다.
4. 약불로 달군 팬에 올리브유를 두르고 다진 마늘, 양파, 페페론치노를 넣어 볶는다.
5. 양파가 투명하게 볶아지면 쌀을 넣고 치킨스톡을 3~4번에 나눠 넣으며 수분이 날아갈 때까지 볶는다.
7. ③의 관자와 조갯살, 생크림을 넣고 걸쭉해질 때까지 저은 후 체더 치즈를 그레이터로 갈아 넣고 섞는다.
8. 씻어놓은 조개 껍데기 위에 ⑦의 리소토를 담고 파슬리 가루를 뿌려 마무리한다.

양식

뭉근하게 끓인 라구 소스와 모차렐라 치즈가 조화로운 요리

볼로네제라자냐

2인분
1시간 이상
중급

재료

라자냐 10장
모차렐라 치즈 8줌(300g)
소금 1큰술

라구 소스

다진 소고기 300g
홀 토마토(410g) ⅔캔
토마토 페이스트 4큰술
양송이버섯 2개
양파 ½개
당근 ⅓개
치킨스톡 1컵(액상 치킨스톡 ½작은술, 따뜻한 물 1컵)
레드와인 ¼컵
월계수 잎 2장
소금 약간
후춧가루 약간
식용유 1큰술

How to

1. 양송이버섯, 양파, 당근은 다진 소고기와 비슷한 크기로 잘게 다진다.
2. 큰 냄비에 넉넉한 양의 물을 끓여 소금과 라자냐 면을 넣고 약 7분간 삶은 뒤 체에 받쳐 물기를 뺀다.
3. 중약불로 달군 냄비에 식용유를 두르고 소고기를 넣어 볶다가 레드와인을 붓고 수분이 날아갈 때까지 볶는다.
   COOKAT TIP 레드와인은 청주나 맛술로 대체할 수 있어요.
4. 다진 채소들을 넣어 볶다가 월계수 잎과 토마토 페이스트, 홀 토마토, 치킨스톡을 넣고 약불에서 눌어붙지 않도록 잘 저어가며 10분 이상 뭉근하게 끓여 라구 소스를 완성한다.
5. 소금과 후춧가루를 뿌려 간한다.
6. 오븐 용기에 ②의 면 2개를 깔고, ⑤의 라구 소스를 바른 후 모차렐라 치즈를 적당량 뿌린다.
7. 이 과정을 총 5번 반복한 후 맨 위에 모차렐라 치즈를 듬뿍 얹어 180℃로 예열된 오븐에 약 13분간 구워 완성한다.

양식

마요네즈 드레싱을 곁들인 샐러드와 비법 소스에 졸인
목살스테이크샐러드

1인분
30분 이하
중급

재료

돼지고기(목살) 300g
파인애플 링 1개
그라나파다노 치즈
(1x1x1cm) 1조각
오렌지 1개
비타민 1줌(20g)
라디치오 2장(20g)
로메인 3장(20g)
래디시 1개
달걀 1개

고기 밑간
청주 1큰술
생강 약간(7g)
후춧가루 약간
식용유 적당량

고기 양념
미림 2큰술
돈가스 소스 1큰술
올리고당 1큰술
굴 소스 ½큰술
간장 ½큰술
다진 마늘 ½큰술
물 ¼컵
월계수 잎 1장

샐러드 드레싱
마요네즈 2큰술
식초 1큰술
올리브유 1큰술
설탕 1큰술
우유 1큰술

양식

How to

1 돼지고기는 고기망치로 두들겨 얇게 편 후 1cm 폭으로 칼집을 낸다.
2 생강은 잘게 다지고, 파인애플 링은 반으로 썬다.
3 그릇에 손질한 고기와 분량의 고기 밑간 재료를 넣어 골고루 버무려 재운다.
4 중불로 달군 팬에 파인애플을 굽고, 키친타월로 팬을 닦은 뒤 식용유를 조금 둘러 달걀을 반숙으로 프라이한다.
5 강불로 달군 다른 팬에 식용유를 두르고 중불로 줄인 뒤 ③의 재운 고기를 앞뒤로 노릇하게 굽는다.
6 키친타월로 ④의 팬을 닦은 후 중불에서 분량의 고기 양념 재료를 넣어 끓이다가 농도가 생기면 구운 고기를 넣고 간이 잘 밸 수 있게 졸인다.
7 그릇에 분량의 샐러드 드레싱 재료를 넣고 섞어둔다.
8 샐러드 볼에 비타민, 라디치오, 로메인은 한입 크기로 자르고, 래디시는 얇게 썬다. 오렌지는 과육만 바른다.
9 ⑧의 재료를 샐러드 볼에 담고 ⑦의 드레싱을 ½ 정도 부어 섞는다.
10 그릇에 완성된 음식을 예쁘게 담고 그레이터로 그라나파다노 치즈를 갈아 올린다.

노릇하게 구운 통삼겹살에 스테이크 소스를 곁들인
삼겹살스테이크

1인분
30분 이하
중급

재료

통삼겹살 400g
대파 1대(40cm)
쪽마늘 4개
통후추 10개
파인애플 링 1개
양파 ⅛개
파슬리 가루 약간
버터 약간
올리브유 1큰술

스테이크 소스

토마토 ½개(150g)
우스터소스 4큰술
올리브유 1큰술
물 1큰술
양파 약간(15g)
설탕 ½큰술
후추 약간
버터(1x1x1cm) 1조각

How to

1. 대파의 절반(약 20cm)은 4등분해서 구이용으로, 나머지 절반은 2등분해서 수육용으로 준비한다. 쪽마늘 2개는 칼등으로 눌러 으깬다.
2. 토마토와 양파(스테이크 소스용)는 잘게 썬다.
3. 중불로 달군 팬에 버터를 두르고, 분량의 스테이크 소스 재료를 넣어 졸인다.
4. 큰 냄비에 넉넉한 양의 물을 끓여 삼겹살, 대파, 통후추를 넣고 중약불에서 30분간 삶는다.
5. 삼겹살을 꺼낸 후 물기를 제거하고 식힌 후 살코기 부분에 1cm 간격으로 칼집을 낸다.
6. 강불로 달군 팬에 버터와 올리브유를 두르고 으깬 마늘과 ⑤의 삼겹살을 넣어 앞뒤로 노릇하게 굽는다.
7. 강불로 달군 주물 팬에 파인애플, 굵게 썬 양파, 5cm 길이로 자른 대파, 쪽마늘 2개를 태우듯이 굽고 ⑥의 삼겹살을 팬에 얹은 뒤 ③의 소스를 삼겹살 위에 끼얹는다.
8. 파슬리 가루를 뿌려 완성한다.

양식

토마토소스 위에 올린 패티와 통모차렐라 치즈
피자햄버그스테이크

2인분
30분 이하
중급

재료

통모차렐라 치즈(125g) 1개
페페로니 7개
토마토소스 1컵
바질 7~8장(10g)
버터(1x1x1cm) 1조각

패티

소고기(다짐육) 250g
돼지고기(다짐육) 350g
생크림 5큰술
빵가루 3큰술
소금 약간
후춧가루 약간

How to

1 볼에 분량의 패티 재료를 넣고 손으로 고루 섞어 치댄다.
2 반죽을 다섯 덩이로 나눈 후 2cm 두께로 둥글납작하게 빚은 뒤 가운데 부분을 손가락으로 살짝 누른다.
3 중불로 달군 팬에 버터를 두르고 ②의 패티를 올려 앞뒤로 살짝 구운 뒤 약불로 줄이고 뚜껑을 덮은 다음 약 20분간 익힌다. 이때 약 10분간 한 면을 익힌 후 재빨리 뒤집고 뚜껑을 덮어 10분간 마저 익힌다.
4 강불로 달군 팬에 토마토소스를 붓고 ③의 패티를 올린 후 통모차렐라 치즈를 한입 크기로 뜯어 넣는다.
5 치즈가 녹으면 페페로니와 바질을 올려 완성한다.

크림소스에 구운 새우와 모차렐라 치즈를 얹으면
새우크림퐁듀

1인분
30분 이하
초급

재료

냉동새우 10마리
시판용 크림소스 1컵
통모차렐라 치즈(3x3x3cm)
1조각
페페론치노 3개
다진 마늘 1큰술
파슬리 가루 약간
올리브유 2큰술

How to

1. 페페론치노는 잘게 다진다.
2. 중불로 달군 팬에 올리브유를 두르고 다진 마늘과 다진 페페론치노를 볶는다.
3. 마늘과 페페론치노를 노릇하게 볶은 후 해동한 새우를 넣고 앞뒤로 노릇하게 굽는다.
4. 파슬리 가루를 뿌리고 다시 볶는다.
5. 강불로 달군 주물 팬에 크림소스를 붓고 ③의 새우를 올린 뒤 모차렐라 치즈를 갈아 뿌린다.
6. 치즈가 녹으면 나초나 빵을 곁들여 먹는다.

양식

스크램블 에그 도우 위에 콘 마요와 치즈가 스르륵
콘치즈달걀피자

2인분
30분 이하
중급

재료

달걀 3개
슬라이스 할라페뇨 16개
모차렐라 치즈 6줌(210g)
파마산 치즈 가루 2큰술
파슬리 가루 약간
식용유 약간

콘 마요네즈
스위트콘(340g) 1캔
마요네즈 2큰술
소금 약간
후춧가루 약간

How to

1. 할라페뇨는 잘게 썰고, 스위트콘은 물기를 빼 둔다.
2. 그릇에 분량의 콘 마요네즈 재료를 넣어 섞는다.
3. 약불로 달군 팬에 식용유를 두르고 달걀을 풀어 부은 후 익기 시작하면 젓가락으로 휘저어 스크램블 에그를 만든다.
4. 그 위에 ②의 콘 마요네즈 ½ 분량, 모차렐라 치즈 3줌, 할라페뇨를 올리고, 다시 남은 콘 마요네즈, 모차렐라 치즈 3줌, 파마산 치즈 가루를 뿌린 후 뚜껑을 덮어 약 6분간 녹인다.
5. 치즈가 녹으면 뚜껑을 열고 파슬리 가루를 뿌려 완성한다.
6. 케첩, 칠리소스 등을 취향껏 곁들여 먹는다.

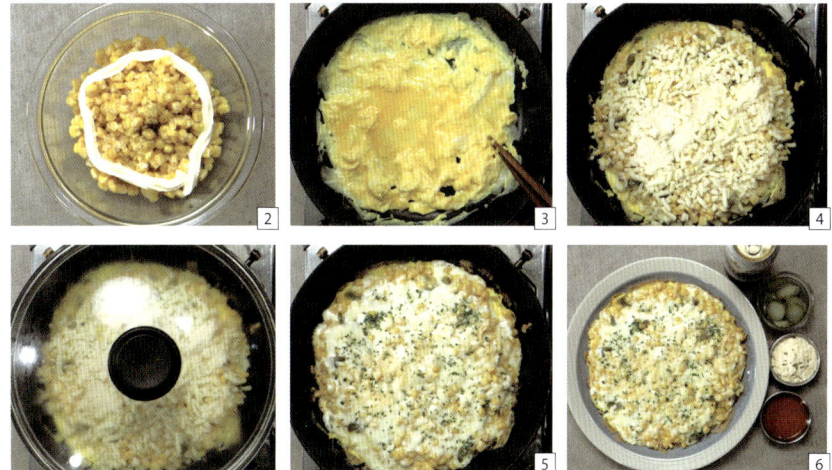

양식

통새우와 돼지고기, 치즈로 빈틈없이 속을 채운
통새우치즈케사디야

1인분
30분 이하
중급

재료

토르티야 1장
모차렐라 치즈 1줌(35g)
체더 슬라이스 치즈 3장
갈릭 소스 2큰술

새우 토핑

냉동새우(특대) 5마리
소금 약간
후춧가루 약간
버터(2x2x1cm) 1조각

돼지고기 토핑

돼지고기(다짐육) 60g
양파 ¼개
쪽마늘 2개
슬라이스 할라페뇨 4개
케첩 2큰술
핫소스 1큰술
칠리소스 1큰술
설탕 1큰술
버터(1x1x1cm) 1조각

디핑 소스

요거트 소스 적당량
핫소스 적당량

How to

1. 양파는 1x1cm 크기로 썰고, 할라페뇨와 마늘은 잘게 썬다. 새우는 미리 해동한 후 물기를 제거해둔다.
2. 중불로 달군 팬에 버터를 두르고 해동한 새우를 올려 소금과 후춧가루를 뿌린 후 노릇하게 굽는다.
3. 중불로 달군 다른 팬에 버터를 두르고 양파와 마늘을 볶은 뒤, 양파가 반투명해지면 돼지고기를 넣고 익을 때까지 볶는다.
4. 볶은 돼지고기에 나머지 돼지고기 토핑 재료를 넣고 볶는다.
5. 약불로 달군 팬에 토르티야를 올리고 모차렐라 치즈와 체더 슬라이스 치즈를 넓게 펼친다.
6. 반쪽 면에 ②의 새우 토핑과 ③의 돼지고기 토핑을 얹고 토르티야를 반달 모양으로 접는다.
7. 앞뒤로 노릇하게 구운 후 먹기 좋은 크기로 썰어 낸다.
8. 갈릭 소스를 골고루 뿌린 후 요거트 소스 또는 핫소스에 찍어 먹는다.

바삭하게 구운 크루아상 속에 불고기와 치즈 소스가 가득
크루아상불고기버거

1인분
30분 이하
중급

재료

크루아상 1개
달걀 1개
토마토 ¼개
양파 ⅕개
상추 2장
슈거파우더 1큰술
식용유 적당량

소불고기

소고기(불고기용)100g
간장 1큰술
미림 1큰술
설탕 1큰술
후춧가루 약간

치즈 소스

그라나파다노
치즈(4x2x2cm) 1조각(20g)
생크림 ½컵
레몬즙 1큰술
마요네즈 1큰술
후춧가루 약간

사이드

감자튀김 적당량

How to

1. 크루아상은 반으로 가르고, 토마토와 양파는 1cm 두께의 링 모양으로 썬다.
2. 그릇에 분량의 소불고기 재료를 넣어 골고루 버무린 후 재운다.
3. 약불로 달군 팬에 약간의 식용유를 두르고 달걀프라이를 한 뒤 키친타월로 닦고 크루아상의 안쪽 면을 노릇하게 굽는다.
4. 그라나파다노 치즈를 그레이터로 간 다음, 중약불로 달군 팬에 분량의 치즈 소스 재료를 넣어 4분 정도 저으며 끓인다.
5. 강불로 달군 팬에 식용유를 두르고 소불고기를 익힌다.
6. 크루아상 ½개 위에 치즈 소스 1큰술을 바르고, 토마토, 양파, 상추 순으로 올린 다음 소불고기를 얹고 남은 치즈 소스를 뿌린다.
7. 달걀프라이를 올린 후 크루아상 ½개를 덮어 접시에 담고 슈거파우더를 체에 쳐서 뿌린다.

묵직한 패티 아래 숨은 딸기잼이 포인트
몬테크리스토버거

1인분
30분 이하
중급

재료

식빵 3장
슬라이스 햄 2장
체더 슬라이스 치즈 2장
딸기잼 2큰술
허니머스터드 소스 2큰술
달걀 1개
빵가루 ½컵
파슬리 가루 약간
식용유 적당량

패티

소고기(다짐육) 100g
양파 약간(15g)
소금 약간
후춧가루 약간
식용유 1작은술

How to

1 양파를 잘게 다진다.
2 그릇에 분량의 패티 재료를 넣고 치대가며 지름 10cm 크기로 둥글넓적하게 빚는다.
3 중불로 달군 팬에 식용유를 두르고 슬라이스 햄을 굽는다.
4 구운 슬라이스 햄은 그릇으로 옮기고, 같은 팬에 ①의 패티를 올린다. 패티는 앞뒤로 연갈색이 나도록 고루 익힌 뒤 약불로 줄여 1~2분간 더 익힌다.
5 식빵 1장에 허니머스터드 소스 1큰술을 바르고 슬라이스 햄 2장, 체더 치즈 1장, 딸기잼 1큰술을 바른다.
6 ⑤의 위에 식빵 1장을 올리고 허니머스터드 소스 1큰술을 바른 후 체다 치즈 1장과 소고기 패티를 올린다.
7 ⑥의 위에 딸기잼 1큰술을 바른 식빵을 얹은 뒤 식빵의 가장자리를 자른다.
8 달걀을 곱게 풀어 ⑥번을 달걀물 → 빵가루 순으로 골고루 묻힌다.
9 170℃로 예열한 식용유에 ⑧을 사방으로 돌려가며 노릇하게 튀긴다.
10 완성된 버거에 파슬리 가루를 뿌려 마무리한다.

양식

4

후다닥 한 끼

일식 & 중식

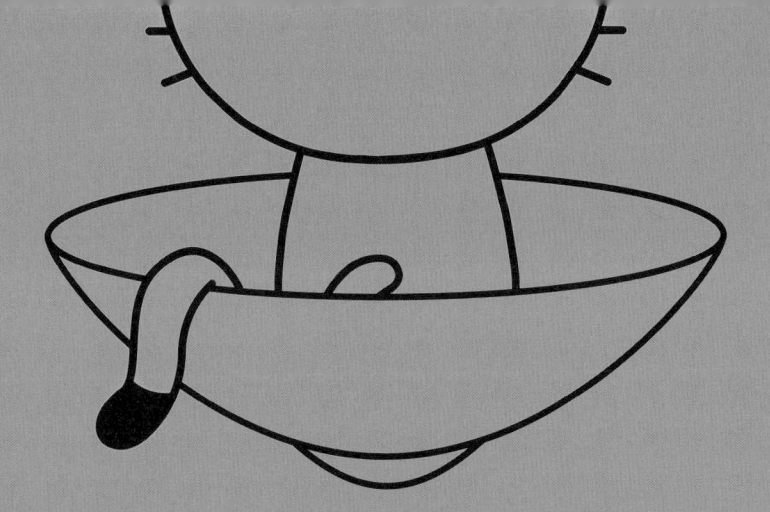

밥이나
파스타 말고
뭐 특별한
한 그릇 없을까?

일식
중식

―――――

치즈돈가스
크림카레우동
멘츠카츠
스팸돈부리
삼겹차슈덮밥
야키소바
냉소바
치즈함박덮밥
채소카레라이스
스키야키
된장닭구이
명란크림우동
오코노미야키
달걀 품은 아보카도
타마고산도
고추짜장면
부추짬뽕
청양고추볶음밥
칠리새우
유린기
동파육
마파두부밥
난자완스
사천식 바지락볶음
고추깐풍기

―――――

통모차렐라 치즈를 돌돌 말아 튀긴
치즈돈가스

1인분
30분 이하
중급

재료

돼지고기(등심) 180g
통모차렐라 치즈
(1x6x1.5cm) 3조각
달걀 2개
빵가루 1컵
밀가루 ½컵
소금 약간
후춧가루 약간
식용유 적당량
돈가스 소스 적당량

How to

1. 돼지고기는 고기망치로 두들겨 얇게 편 후 3등분을 하고, 소금과 후춧가루로 밑간한다.
2. ①의 고기 위에 모차렐라 치즈 1조각을 올리고 돌돌 만다. 이 과정을 2번 반복해 총 3개의 롤을 만든다.
3. 달걀을 곱게 풀어 체에 거르고, ②의 롤을 밀가루, 달걀물, 빵가루 순서로 튀김옷을 입힌다.
4. 냄비에 넉넉한 양의 기름을 넣어 170℃로 달군 후 ③의 롤을 넣고 5분 이상 황금색이 날 때까지 튀긴다.
5. 먹기 좋은 크기로 썰어 기호에 따라 돈가스 소스를 찍어 먹는다.

일식, 중식

카레우동볶음 위에 감자 크림을 달팽이 모양으로 두른
크림카레우동

1인분
30분 이하
중급

재료

우동 면 200g
베이컨 3줄
당근 ¼개
파프리카 ¼개
양파 ½개
카레가루 ¾컵
물 14큰술
파슬리 가루 약간
식용유 1큰술

감자 크림

감자 2개
우유 ½컵
소금 약간
후춧가루 약간

How to

1. 냄비에 적당량의 물을 넣고 채반을 놓은 뒤 그 위에 감자를 올린다. 중불에서 30~35분 정도 삶은 후 껍질을 벗긴다.
   └ **COOKAT TIP** 전자레인지용 찜기를 사용하면 감자를 더 쉽게 삶을 수 있어요.
2. 푸드 프로세서(혹은 믹서)에 삶은 감자, 우유, 소금, 후춧가루를 넣고 곱게 갈아 짤주머니에 넣는다.
   └ **COOKAT TIP** 감자를 포크로 으깬 후 고운 체에 걸러서 사용해도 돼요.
3. 베이컨은 2cm 길이로 썬다. 파프리카와 양파는 2×2cm 크기로 사각 썰고, 당근도 같은 크기로 나박썰기 한다.
4. 카레가루를 물에 잘 개어 놓는다.
5. 중약불로 달군 팬에 식용유를 두르고 당근, 파프리카, 양파, 베이컨 순으로 3~4분간 볶는다.
6. 당근이 어느 정도 익으면 물에 갠 카레를 부어 끓인다.
7. 다른 냄비에 물을 끓여, 우동 면을 넣고 3분간 데친 뒤 체에 밭쳐 물기를 뺀다.
8. ⑥의 카레에 삶은 우동 면을 넣고 1분 정도 더 볶아 그릇에 담는다.
9. 면 위에 ②의 감자 크림을 달팽이 모양으로 짠 후 파슬리 가루를 뿌린다.
   └ **COOKAT TIP** 감자 크림을 만들 때 우유 대신 동물성 생크림을 넣으면 맛이 훨씬 풍부해져요. 이때 무가당 크림을 사용해야 하고, 분량은 우유와 동일하게 ½컵이면 됩니다.

육즙 만점! 고기 패티를 바삭하게 튀긴 일본 가정식
멘츠카츠

1인분
30분 이하
중급

재료

고기 패티
소고기(다짐육) 150g
돼지고기(다짐육) 150g
표고버섯 1개
양파 약간(45g)
대파(8cm) 1개
다진 마늘 1큰술
달걀노른자 1개
넛멕 가루 1작은술
소금 1작은술
후춧가루 약간
식용유 1큰술

마무리
달걀 2개
빵가루 1½컵
밀가루 ½컵
식용유 적당량

How to

1. 표고버섯, 양파, 대파는 잘게 다진다.
2. 중약불로 달군 팬에 식용유를 두르고, 양파와 표고버섯을 3분간 볶아 그릇에 담아 식힌다.
3. ②의 그릇에 남은 고기 패티 재료를 분량대로 넣고 손으로 고루 섞어 반죽한다.
4. 반죽을 3덩이로 나눈 후 손바닥으로 눌러 2.5cm 두께로 둥글납작하게 모양을 빚는다.
5. 달걀은 곱게 풀어 체에 거르고, ④의 고기에 밀가루, 달걀물, 빵가루 순서로 튀김옷을 입힌다.
6. 냄비에 넉넉한 양의 기름을 넣어 170℃로 달군 후 ⑤의 고기를 넣고, 둥글리며 황금색이 날 때까지 튀긴다.

COOKAT TIP 양배추 샐러드를 곁들여 먹으면 더 좋아요.

스팸과 닭가슴살 통조림으로 만드는 한 그릇 요리
스팸돈부리

1인분
20분 이하
초급

재료

즉석밥 1개(210g)
스팸(200g) ½캔
닭가슴살 통조림(135g) ½캔
달걀 1개
대파(2cm) 1개
양파 ¼개
물 5큰술
간장 3큰술
설탕 1큰술
식용유 1작은술

How to

1　스팸은 0.5cm 두께로 썰어 세로로 길게 2등분한다. 닭가슴살은 잘게 찢고, 양파는 채 썬다.
2　끓는 물에 스팸을 약 30초간 데쳐 소금기를 뺀다. 달걀을 곱게 풀어둔다.
3　중불로 달군 팬에 ②의 스팸과 닭가슴살을 넣어 노릇하게 굽는다.
4　중불로 달군 다른 팬에 식용유를 두르고 양파를 넣어 투명해질 때까지 볶는다.
5　④에 간장, 설탕, 물을 넣고 약불에서 천천히 볶는다.
6　⑤에 ③의 재료를 넣고 볶다가 달걀물을 부어 달걀이 반 정도 익으면 불을 끈다.
7　밥이 담긴 그릇에 ⑥을 올리고 대파를 송송 썰어 뿌린다.

삼겹살을 차슈 소스로 졸여낸 정성스러운 한 끼
삼겹차슈덮밥

1인분
1시간 이상
중급

재료

삼겹살 2줄(250g)
즉석밥 1개(210g)
달걀 1개
양파 ⅓개
실파(25cm) 1대
소금 1큰술

차슈 소스
청양고추 2개
쪽마늘 2개
생강(2cm) 1개
간장 5큰술
설탕 4큰술
미림 4큰술
물 1½컵

How to

1. 양파는 얇게 채 썰어 얼음물에 담그고, 청양고추는 반으로 썬다. 마늘과 생강은 편 썬다.
2. 중약불로 달군 팬에 분량의 차슈 소스 재료를 넣어 잘 저어가며 1분간 끓인 후 차갑게 식힌다.
3. 끓는 물에 소금과 달걀을 넣고 약 6분 동안 반숙으로 삶은 뒤, 바로 얼음물에 넣어 달걀이 식으면 껍질을 벗긴다.
4. 지퍼백에 ③의 달걀을 담고 ②의 소스를 부어 냉장고에서 약 1시간 이상 보관한다.
5. ④의 소스를 팬에 부어 중약불에서 팔팔 끓인 후 삼겹살을 넣어 졸이듯이 굽는다.
6. ⑤의 삼겹살은 3~4cm의 먹기 좋은 크기로 썰고, 얼음물에 담가둔 양파채를 꺼내 물기를 제거한다.
7. 밥이 담긴 그릇에 ⑥의 삼겹살과 양파채를 얹고 ④의 달걀을 반으로 잘라 올린다.
8. 남은 차슈 소스를 올리고 실파를 송송 썰어 뿌린다.

일식, 중식

입에 착착 감기는 일본식 볶음면
야키소바

1인분
20분 이하
중급

재료

야키소바 면 1½개
냉동새우 8마리
양배추 약간(10g)
당근 ⅙개
양파 ⅙개
베이컨 2줄
숙주 2줌
달걀 1개
식용유 적당량
가쓰오부시 1줌(10g)
파슬리 가루 약간
식용유 약간
물 ½컵

소스

돈가스 소스 3큰술
우스터소스 1큰술
설탕 1큰술
간장 1작은술

How to

1 당근은 반을 갈라 0.3cm 두께로 어슷 썰고, 양배추는 3×3cm 크기로 사각 썬다. 양파는 채 썰고 베이컨은 1cm 크기로 잘게 썬다. 냉동새우는 미리 해동한 뒤 물기를 제거한다.
2 그릇에 분량의 소스 재료를 넣고 잘 섞는다.
3 중약불로 달군 팬에 식용유 1큰술을 두르고, 베이컨과 새우를 넣어 볶다가 새우가 연한 분홍색으로 익으면, 당근, 양배추, 양파, 숙주를 넣고 볶는다.
4 재료가 어느 정도 익으면 면과 물을 넣어 면이 잘 풀어지게 저어준다. 넣은 물이 절반 정도 날아갈 때까지 볶는다.
5 ④에 소스를 넣고 강불에서 약 1분간 볶은 후 접시에 담는다.
6 중약불로 달군 팬에 식용유 1작은술을 두르고 반숙으로 달걀프라이를 한다.
7 ⑤에 가쓰오부시와 달걀프라이를 올리고 파슬리 가루를 뿌려 마무리한다.

일식, 중식

살얼음 육수를 부어 시원하게 즐기는 여름 면요리

냉소바

1인분
30분 이하
중급

재료

메밀 면 100g
대파(1cm) 1개
와사비 ½작은술
무 약간
무순 약간

육수

건표고버섯 2개
다시마(6x6cm) 1장
물 1½컵
쯔유 4큰술
설탕 1큰술
미림 1작은술

How to

1 냄비에 분량의 육수 재료를 넣어 물이 끓어오르면 다시마를 건진 후, 중불에서 5분간 끓인다. 재료들을 모두 건져낸 후 냉동실에서 3~4시간 차갑게 식힌다.
2 끓는 물에 메밀 면을 넣어 약 4분간 삶고 얼음물에 헹궈 체에 받쳐둔다.
3 대파는 다지고, 무는 강판에 갈아 물기를 짠후 동그랗게 뭉쳐둔다.
4 ②의 면을 그릇에 담고 무, 대파, 와사비, 무순을 가지런히 올린다.
5 살얼음이 낀 ①의 육수를 부어 완성한다.

1

2

5

숟가락으로 크게 떠먹으면 더 맛있는
치즈함박덮밥

1인분
30분 이하
중급

재료

즉석밥 ½개(105g)
모차렐라 치즈 1½컵(150g)
데미글라스 소스 ⅔컵
파슬리 가루 약간
식용유 약간

패티

소고기(다짐육) 90g
돼지고기(다짐육) 45g
달걀 ½개
빵가루 ¼컵
소금 약간
후춧가루 약간

How to

1. 그릇에 분량의 패티 재료를 넣고 손으로 고루 치대면서 섞는다.
2. 반죽을 손바닥으로 눌러 둥글납작한 모양으로 패티를 빚는다.
3. 중약불로 달군 팬에 식용유를 두르고 ②의 패티를 올려 앞뒤로 노릇하게 굽는다.
4. 오븐 용기에 식용유를 바르고 밥을 넓게 펴서 담는다.
5. 그 위에 ③의 패티를 올리고 데미글라스 소스를 부은 후, 모차렐라 치즈를 올린다.
6. 180℃로 예열한 오븐에서 약 15분간 굽는다.
7. 파슬리 가루를 뿌려 완성한다.

일식, 중식

채소와 돼지고기를 넣어 뭉근하게 끓인 일본식 커리
채소카레라이스

1인분
30분 이하
중급

재료

즉석밥 1개(210g)
달걀 1개
소금 약간

카레

돼지고기(다짐육) 150g
당근 ¼개
감자 ½개
토마토 1개
양파 ¼개
고형 카레 2조각(55g)
물 1컵
소금 약간
후춧가루 약간
식용유 약간

How to

1. 당근과 감자는 3×3cm 크기로 깍둑 썬다. 토마토는 반으로 갈라 씨를 제거하고 당근과 같은 크기로 깍둑 썰고, 양파는 두껍게 채 썬다.
2. 중약불로 달군 냄비에 식용유를 두르고 돼지고기를 넣어 볶다가 소금, 후춧가루로 간한다.
3. 고기가 어느 정도 익으면 당근, 감자, 양파, 토마토 순으로 넣어 볶는다.
4. 물과 카레 조각을 넣어 약불에서 은근하게 끓이다가 카레의 농도가 진해지고 재료가 다 익으면 불을 끈다.
5. 끓는 물에 소금과 달걀을 넣어 약 6분 동안 삶은 뒤 바로 얼음물에 넣어 미지근하게 식힌 다음 껍질을 벗긴다.
6. 그릇에 밥을 담고 완성한 카레와 ⑤의 반숙 달걀을 올린다.

일식, 중식

소고기와 각종 채소를 넣어 자작하게 끓인 일식 냄비요리

스키야키

1인분
30분 이하
중급

재료

소고기(살치살) 120g
두부 ½모
실곤약 70g
표고버섯 3개(45g)
팽이버섯 ⅓개(30g)
대파(8cm) 1개
쑥갓 ½줌(15g)
물 ½컵
간장 3큰술
설탕 1큰술
우지 1조각
달걀 1개
식용유 약간

How to

1. 표고버섯은 윗면에 십자 모양으로 칼집을 넣는다. 두부는 3×3×1.5cm 크기로 사각 썰고, 대파는 어슷 썬다.
2. 중약불로 달군 팬에 식용유를 두르고 대파를 연갈색으로 구운 다음, 두부를 앞뒤로 노릇하게 굽는다.
3. 실곤약은 끓는 물에 5~7분간 데쳐 찬물에 헹군 후 건져 물기를 꼭 짜둔다.
4. 중불로 달군 팬에 우지를 넓게 바른다.
5. 팬에 소고기를 올려 앞뒤로 살짝 굽고, 설탕과 간장을 넣어 부르륵 끓으면 팬의 한쪽으로 모아둔다.
6. 팬의 빈 공간에 파, 두부, 실곤약, 표고버섯, 팽이버섯을 정갈하게 배치한다.

   COOKAT TIP 실곤약에서 나오는 칼륨 성분이 고기를 질기게 할 수 있으니 소고기와 닿지 않도록 멀리 배치하세요.

7. 물과 쑥갓을 넣은 뒤 뚜껑을 덮고 약 3분간 끓인다.
8. 그릇에 날달걀을 풀어 원하는 재료를 찍어 먹는다.

   COOKAT TIP 휴대용 가스레인지로 옮겨 약불에 계속 끓여가면서 먹으면 더욱 맛있어요. 국물이 졸아들면 간 하지 않은 다시마 육수를 조금씩 부어가며 끓이세요.

일식, 중식

사과즙을 넣은 된장 소스에 재워 노릇하게 구운 닭고기 요리
된장닭구이

1인분
1시간 이상
중급

재료

닭다리살 300g
감자 2개
대파(5cm) 1개
식용유 1큰술

된장 소스

사과즙 4큰술
된장 2큰술
미림 2큰술
다진 마늘 ½큰술
참기름 ⅓큰술
설탕 1작은술
후춧가루 약간

How to

1 감자는 균일하지 않도록 4cm 크기로 어슷하게 썰고, 얼음물에 10분 이상 담근 후 꺼내 물기를 제거한다.

　　COOKAT TIP 감자는 불규칙한 모양으로 썰어야 더 먹음직스러워요.

2 대파는 채칼을 이용해 얇게 썬 뒤 얼음물에 3분 정도 담갔다가 건져둔다.
3 닭고기는 힘줄을 끊어가며 1cm 폭으로 얕은 칼집을 낸다.
4 그릇에 분량의 된장 소스 재료를 넣어 섞는다.
5 ②의 닭고기에 된장 소스를 붓고 약 30분간 재운다.
6 약불로 달군 팬에 감자를 넣고 앞뒤로 노릇하게 굽는다.
7 약불로 달군 다른 팬에 식용유를 두르고 재운 고기와 양념을 모두 부은 뒤 10분 이상 굽는다.
8 그릇에 완성된 닭구이와 ⑤의 감자를 담고, 대파를 올려 마무리한다.

명란젓과 크림소스가 만나 고소함이 두 배
명란크림우동

1인분
20분 이하
초급

재료

우동 면 190g
명란젓 60g
생크림 1컵
페페론치노 3개
양파 약간(15g)
다진 마늘 1큰술
고운 고춧가루 ½작은술
버터(1×1×1) 1조각
후춧가루 약간
실파 약간
김 가루 약간

How to

1 양파와 페페론치노는 다지고, 실파는 송송 썬다.
2 명란은 반으로 갈라 껍질은 제거하고 속만 긁어내 30g씩 계량한다.
3 끓는 물에 우동 면을 넣어 2분간 데친 뒤 체에 밭쳐 물기를 뺀다.
4 중약불로 달군 팬에 버터를 두르고, 다진 마늘과 다진 양파를 넣어 볶다가 페페론치노, 명란젓(30g)을 넣고 볶는다.
5 양파 색이 투명해지면 생크림을 넣고 바글바글 끓이다가 ③의 면을 넣어 소스가 잘 배도록 좀 더 끓인다.
6 취향에 따라 고춧가루나 후춧가루를 넣어 간한다.
7 크림우동을 그릇에 담고 남은 명란젓(30g), 실파, 김 가루를 얹어 마무리한다.

일식, 중식

부침가루 반죽에 양배추와 해산물을 넣어 철판에 부친 요리
오코노미야키

1인분
30분 이하
중급

재료

칵테일 새우 4마리
베이컨 2줄
오징어 ½마리
양배추 3장(100g)
달걀 2개
대파(5cm) 1개
양파 ¼개
부침가루 1½컵
물 1½컵
식용유 1큰술
굵은소금 적당량

마무리

가쓰오부시 1줌(2g)
돈가스 소스 3큰술
마요네즈 1큰술

How to

1. 오징어의 내장과 먹물, 연골막 등을 제거한 후, 손에 굵은소금을 묻혀 껍질을 벗겨낸다. 다리는 굵은소금으로 비벼 빨판에 붙은 이물질을 제거한다. 손질한 오징어를 5~6cm 길이로 썰어 물에 헹궈 체에 밭쳐 준비한다.
2. 베이컨은 1cm 두께로 썰고, 양배추와 양파는 채 썬다. 대파는 송송 썬다.
3. 부침가루에 달걀과 물을 넣고 거품기로 고루 섞어 반죽을 만든다.
4. ③에 양배추, 양파, 대파, 오징어, 새우, 베이컨을 넣고 섞는다.
5. 중약불로 달군 팬에 식용유를 두르고 ④를 넉넉히 올려 동그랗게 펼친다.
6. 앞뒤로 노릇하게 구운 오코노미야키 위에 돈가스 소스를 뿌리고 고루 펴 바른다.
7. 그 위에 마요네즈와 가쓰오부시를 올려 마무리한다.

일식, 중식

아보카도 속에 찐 달걀을 넣어 바삭하게 튀긴
달걀 품은 아보카도

1인분
30분 이하
중급

재료

아보카도 1개
달걀 1개
소금 1큰술
식초 1작은술
블루베리 15개
베이컨 1줄
파슬리 약간

튀김

달걀 1개
빵가루 ½컵
밀가루 ¼컵
식용유 적당량

How to

1 블루베리는 반으로 가르고, 파슬리는 다진다.
2 베이컨은 1cm 크기로 잘라 기름에 황금색이 날 때까지 튀긴 후, 기름을 제거해 베이컨칩을 만든다.
3 끓는 물에 소금과 식초를 넣은 뒤 달걀을 넣어 약 6분 동안 삶는다. 바로 얼음물에 넣어 미지근하게 식힌 다음 껍질을 벗긴다.
4 아보카도는 씨를 중심으로 세로로 가른 후, 씨에 칼날을 꽂아 돌려 빼내고 껍질을 벗긴다.

COOKAT TIP 잘 익은 아보카도의 경우 껍질과 과육 사이에 숟가락을 넣어 돌리면 껍질이 쉽게 분리돼요.

5 아보카도 속 씨를 도려낸 자리에 ③의 달걀을 넣고 남은 아보카도로 덮는다.
6 달걀을 풀어 체에 거른 후, ⑤를 밀가루, 달걀물, 빵가루 순으로 튀김옷을 입힌다.
7 냄비에 넉넉한 양의 기름을 넣어 약 170℃ 로 달군 후 ⑥의 아보카도를 넣고 노릇하게 튀긴다.
8 그릇에 완성된 아보카도를 올리고 블루베리와 베이컨칩, 파슬리를 뿌려 마무리한다.

일식, 중식

두툼한 달걀말이 튀김을 빵 사이에
타마고산도

2인분
30분 이하
중급

재료

식빵 4개
달걀 5개
물 4큰술
미림 2큰술
소금 1작은술
버터 ½조각

튀김

달걀 1개
빵가루 ½컵
밀가루 ¼컵
식용유 적당량

소스

마요네즈 2큰술
홀그레인 머스터드 1큰술
레몬즙 ½작은술

How to

1 그릇에 달걀, 미림, 물, 소금을 넣고 잘 섞은 후 체에 내린다.
2 약불로 달군 팬에 버터를 두르고 ①을 부어 응고되기 시작하면 젓가락으로 휘젓는다.
3 스크램블 상태일 때 달걀을 말아 부드러운 달걀말이를 만든 후 반으로 자른다.
   COOKAT TIP 충분히 식힌 후 반으로 잘라야 부서지지 않아요.
4 달걀을 곱게 풀어 체에 거른 후, ③의 달걀말이에 밀가루, 달걀물, 빵가루 순으로 튀김옷을 입힌다.
5 냄비에 넉넉한 양의 기름을 넣어 약 170℃로 달군 후 ④의 달걀말이를 넣고 황금색이 날 때까지 튀긴다.
6 그릇에 분량의 소스 재료를 넣어 섞는다.
7 식빵 위에 소스를 바른 후 ⑤의 달걀말이를 올린다.
8 소스를 바른 다른 식빵으로 덮은 뒤 식빵의 가장자리를 잘라낸다.
9 먹기 좋은 크기로 썰어 완성한다.

청양고추로 매콤함을 더해 느끼하지 않은
고추짜장면

1인분
30분 이하
중급

재료

중화면(230g) 1개
돼지고기(목살) 150g
칵테일 새우 12마리
양파 ¼개
양배추 1장(30g)
떡국떡 10개(50g)
청양고추 2개
물 ½컵
다진 마늘 1큰술
설탕 1큰술
고춧가루 ½큰술

고기 밑간

미림 1큰술
소금 약간
후춧가루 약간

짜장 소스

춘장 2큰술
대파 1대(40cm)

How to

1. 그릇에 돼지고기와 밑간 재료를 분량대로 넣어 약 10분간 재운다.
2. 양파와 양배추는 2×2cm 크기로 사각 썰기를 하고, 대파는 6cm 길이로 썬다. 청양고추는 송송 썬다.
3. 떡국 떡을 끓는 물에 넣고 5~7분 정도 익힌 후, 찬물에 헹궈 체에 밭쳐 물기를 뺀다.
4. 중약불로 달군 팬에 식용유를 두르고 파를 넣어 볶아 파기름을 만든다.
5. 파를 건져내고, ④의 기름에 춘장을 넣어 4~5분간 볶는다.
6. 중불로 달군 다른 팬에 밑간한 고기를 볶다가 ⑤의 춘장을 넣고 볶는다.
7. 강불에서 ⑥에 새우와 다진 마늘, 설탕, 고춧가루를 넣고 볶다가 양파, 양배추, 떡국떡, 청양고추를 넣어 재빠르게 볶는다.
8. 춘장이 재료와 어우러지면 물을 넣고 중불에서 약 30초간 끓여 짜장 소스를 완성한다.
9. 끓는 물에 중화면을 넣어 거품이 끓어오르면 찬물 ½컵을 붓고, 다시 끓어오르면 남은 ½컵을 더 부어 끓인다. 1번 더 끓어오르면 건져서 체에 밭쳐 물기를 뺀다.
10. 그릇에 면을 담고 짜장 소스를 붓는다.

일식, 중식

시판 사골 곰탕으로 끓여 진하고 간편해
부추짬뽕

1인분
20분 이하
초급

재료

중화면(230g) 1개
돼지고기(안심)200g
오징어 ½마리
부추 1줌(20g)
양배추 약간(20g)
양파 ¼개
당근 ¼개
애호박 ⅓개
고추기름 1큰술
청주 1큰술
소금 약간
후춧가루 약간

짬뽕 양념

고춧가루 3큰술
간장 3큰술
고추기름 2큰술
청주 1큰술
생강즙 1큰술
후춧가루 약간

육수

사골 곰탕(350ml) 1개
물 ¼컵

How to

1. 오징어의 내장과 먹물, 연골막 등을 제거한 후, 손에 굵은소금을 묻혀 껍질을 벗겨낸다. 다리는 굵은소금으로 비벼 빨판에 붙은 이물질을 제거한다. 손질한 오징어를 5~6cm 길이로 썰어 물에 헹궈 체에 밭쳐 준비한다.
2. 양배추, 양파, 당근, 애호박은 6cm 길이로 채 썰고, 부추도 6cm 길이로 썬다.
3. 그릇에 분량의 짬뽕 양념 재료를 넣어 섞는다.
   COOKAT TIP 30분 정도 숙성해 사용하면 더 깊은 맛이 나요.
4. 강불로 달군 팬에 고추기름을 두르고 고기와 오징어를 넣어 재빠르게 볶다가 청주를 넣어 잡내를 제거한다.
5. ③의 양념을 넣고 볶다가 양배추, 양파, 당근, 애호박를 넣어 볶는다.
6. 분량의 육수 재료와 부추를 넣고 팔팔 끓이다가 소금과 후춧가루로 간을 맞춘다.
7. 끓는 물에 중화면을 넣어 거품이 끓어오르면 찬물 ½컵을 붓고, 다시 끓어오르면 남은 ½컵을 더 부어 끓인다. 1번 더 끓어오르면 건져서 체에 밭쳐 물기를 뺀다.
8. 그릇에 면을 담고 ⑥의 짬뽕 국물을 붓는다.

고기 대신 비엔나소시지, 춘장 대신 시판 짜장 소스로
청양고추볶음밥

1인분
20분 이하
중급

재료

즉석밥 1개(210g)
달걀 2개
비엔나소시지 2개
대파 1줌(40g)
청양고추 1개
간장 1큰술
굴 소스 ½큰술
식용유 약간

짜장 소스

시판 짜장라면 소스
(액상) 1개
양파 ¼개
물 1큰술
식용유 1큰술

How to

1 비엔나소시지는 얇게 썰고, 청양고추와 대파는 송송 썬다. 양파는 1×1cm 크기로 사각 썬다.
2 중불로 달군 팬에 식용유를 두르고, 먼저 파와 청양고추를 볶아 향을 낸 후 소시지를 넣어 볶는다.
3 ②를 팬의 왼쪽으로 밀어놓고, 달걀을 풀어 팬의 오른쪽에서 스크램블 에그를 만든다.
4 데우지 않은 즉석밥을 넣고 볶다가 간장과 굴 소스를 넣어 간을 맞춘다.
5 중약불로 달군 다른 팬에 식용유를 두르고 분량의 짜장 소스 재료를 넣어 45초간 끓인다.
6 볶음밥을 그릇에 담고 ⑤의 소스를 붓는다.

새우를 튀겨 칠리소스에 버무리기만 하면 끝, 초간단한
칠리새우

1인분
30분 이하
초급

재료

새우 15마리
식용유 1컵(튀김용)

튀김 반죽
전분가루 ½컵
튀김가루 ½컵

소스
양파 ¼개
스위트콘 2큰술
고추장 1큰술
올리고당 1큰술
굴 소스 ½큰술
케첩 ⅓큰술
설탕 ½큰술
식초 ½큰술
물 ¼컵
식용유 약간

How to

1 새우는 머리를 떼고, 등 2~3번째 마디 사이에 이쑤시개를 찔러 내장을 빼낸다. 가위를 이용해 뾰족한 수염, 뿔, 꼬리의 물총 부분을 제거한다.
2 양파는 1.5×1.5cm 크기로 사각 썰고, 스위트콘은 체에 밭쳐 물기를 뺀다.
3 그릇에 분량의 튀김반죽 재료를 섞어 새우에 골고루 묻힌다.
4 중불로 달군 팬에 식용유를 넉넉히 두르고 ③의 새우를 튀기듯이 익힌다.
5 중불로 달군 다른 팬에 약간의 식용유를 두르고 양파, 옥수수를 넣어 볶다가 분량의 남은 소스 재료를 넣고 끓인다.
6 소스에 농도가 생기면 ④의 새우를 넣고 재빠르게 버무려 완성한다.

일식, 중식

바삭한 닭다리살 튀김에 새콤달콤한 소스를 뿌린 일품 요리
유린기

1인분
30분 이하
중급

재료
닭다리살 250g
양상추 2줌(60g)
양파 ¼개
식용유 적당량

밑간
청주 1큰술
소금 약간
후춧가루 약간

튀김 반죽
전분가루 ¼컵
식용유 ½큰술
달걀흰자 ½개
물 ¼컵

소스
물 2큰술
간장 2큰술
설탕 1½큰술
레몬즙 1큰술
식초 1큰술
다진 마늘 ½큰술
대파(5cm) 1개
청양고추 ½개
홍고추 ½개
청고추 ½개

How to

1 그릇에 닭다리살과 분량의 밑간 재료를 넣고 골고루 버무려 약 10분간 재운다.
2 양상추는 한입 크기로 찢고, 양파는 링 모양으로 썬다. 대파, 청양고추, 홍고추, 청고추는 송송 썬다.
3 볼에 분량의 튀김 반죽 재료를 넣고 섞은 후 밑간한 닭다리살에 골고루 묻힌다.
4 팬에 넉넉한 양의 기름을 넣어 약 170℃로 달군 후 ③의 닭고기를 넣고 황금빛이 날 때까지 앞뒤로 튀긴다.
5 그릇에 분량의 소스 재료를 넣어 섞는다.
6 접시에 양상추와 양파를 깔고 ④의 튀김을 먹기 좋은 크기로 잘라 올린다.
7 ⑤의 소스를 부어 완성한다.

일식, 중식

통째로 삶은 삼겹살을 간장 소스로 졸인 중국 대표 요리
동파육

2인분
30분 이하
중급

재료

통삼겹살 600g
청경채 6개(300g)
소금 1작은술
검은깨 약간
양파 ½개
대파(30cm) 1개
쪽마늘 4개
된장 1큰술
물 5컵

소스

진간장 4큰술
설탕 3큰술
맛술 2큰술
올리고당 2큰술
고기 삶은 물 2큰술
굴 소스 1큰술
다진 마늘 1큰술
참기름 ⅓큰술
후춧가루 약간

How to

1 대파를 4등분한다.
2 냄비에 삼겹살, 양파, 대파, 마늘, 된장, 물을 넣고 강불에서 끓이다가 물이 끓어오르면 중약불로 줄여 약 40분간 삶는다.
3 삼겹살을 건져 한 김 식으면 1cm 두께로 썬다.
4 약불로 달군 팬에 분량의 소스 재료를 넣고 잘 저어가며 끓인다.
5 소스가 끓으면 삶은 삼겹살을 넣고 조리다가 소스가 반으로 줄어들면 불을 끈다.
6 끓는 물에 소금을 넣고 약 30초간 청경채를 데친 뒤, 찬물에 헹궈 체에 밭쳐 물기를 뺀다.
7 접시에 ⑤의 고기를 올리고 데친 청경채를 주위에 돌려 담은 후 남은 소스와 검은깨를 뿌린다.

매콤하고 부드러워 자꾸만 먹고 싶은 중식 덮밥
마파두부밥

1인분
30분 이하
중급

재료

돼지고기(다짐육) 150g
즉석밥 1개(210g)
두부 ½모
쪽마늘 2개
청양고추 2개
홍고추 1개
대파(10cm) 1개
양파 ¼개
물 1컵
고추기름 3큰술
두반장 1큰술
굴 소스 1큰술
간장 1큰술
참기름 ½큰술
고춧가루 1작은술

밑간

간장 ¾큰술
맛술 ½큰술
후춧가루 약간

전분물

전분가루 1큰술
물 1큰술

How to

1. 그릇에 돼지고기와 분량의 밑간 재료를 넣고 골고루 버무려 약 10분간 재운다.
2. 마늘과 청양고추, 홍고추, 양파는 곱게 다지고, 대파는 4cm 길이로 잘라 납작 썬다. 두부는 1cm 정도의 크기로 깍둑 썬다.
3. 전분물 재료를 섞어 전분물을 만든다.
4. 중불로 달군 팬에 고추기름을 두르고 마늘, 대파, 홍고추, 청양고추, 양파 순으로 넣어 볶는다.
5. ④에 밑간한 돼지고기와 고춧가루를 넣고 빠르게 볶는다.
6. 돼지고기가 반쯤 익으면 두반장, 굴 소스, 간장, 물을 넣어 끓이다가 두부를 넣고 약 3분간 익힌다.
7. 준비해둔 전분물을 부어 걸쭉한 농도를 만든 뒤 참기름을 둘러 마무리한다.
8. 밥이 담긴 그릇에 ⑦의 마파두부를 얹어 완성한다.

노릇하게 구운 완자를 채소와 함께 소스에 졸인 요리
난자완스

1인분
30분 이하
중급

재료

파프리카 ½개
양파 ¼개
청경채 1개
죽순캔(400g) ½개
표고버섯 1개
쪽마늘 2개
대파(6cm) 1개
물 ½컵
청주 ½큰술
간장 ½작은술
굴 소스 ½작은술
식용유 약간

완자

돼지고기(다짐육) 300g
녹말가루 1큰술
청주 ⅓큰술
간장 ½작은술
달걀흰자 1개
후춧가루 약간

전분물

전분가루 1큰술
물 1큰술

How to

1. 파프리카와 양파는 깍둑 썰고, 청경채, 죽순, 표고버섯은 4cm 길이의 편으로 썬다.
2. 대파는 3cm 길이로 잘라 납작 썰고, 마늘은 편 썬다.
3. 전분물 재료를 섞어 전분물을 만든다.
4. 볼에 분량의 완자 재료를 넣고 치대어가며 반죽한 뒤 4.5cm 정도 지름의 완자로 빚는다.
5. 중약불로 달군 팬에 식용유를 두르고 ③의 완자를 앞뒤로 노릇하게 굽는다.
6. 중불로 달군 다른 팬에 식용유를 두르고 마늘과 파를 볶아 향을 낸 후 간장과 청주를 넣고 뒤적인다.
7. ⑥에 양파, 파프리카, 죽순, 표고버섯 순으로 넣어 볶다가 굴 소스와 물을 넣고 끓인다.
8. ⑦의 소스가 끓으면 구운 완자와 청경채를 넣고 약 1분간 끓이다가 전분물을 넣어 걸쭉한 농도로 맞춘다.

매콤한 맛에 한 번, 맛있는 맛에 두 번 놀라는
사천식 바지락볶음

1인분
30분 이하
중급

재료

바지락 10~12개(200g)
소면 100g
청경채 2개
쪽마늘 3개
생강 약간
대파(30cm) 1개
홍고추 ½개
건고추 ½개
검은깨 약간
물 ½컵
고추기름 1큰술
두반장 1큰술
청주 1큰술
설탕 ½큰술
고춧가루 ½작은술
참기름 ½작은술
후춧가루 약간

전분물

전분가루 1큰술
물 1큰술

How to

1. 바지락은 껍데기끼리 문질러 씻은 후 볼에 담는다. 바지락이 잠길 정도의 소금물(물 2½컵당 소금 1큰술)을 넣고 뚜껑을 덮어 어두운 곳에서 3시간 이상 혹은 반나절 정도 해감한다.
2. 대파, 홍고추, 건고추는 1cm 두께로 송송 썬다. 마늘은 편 썰고, 생강은 곱게 다진다.
3. 분량의 전분물 재료를 섞어 전분물을 만든다.
4. 중불로 달군 팬에 고추기름을 두르고 마늘과 생강을 볶아 향을 낸 후 건고추, 홍고추, 대파를 넣어 볶는다.
5. 바지락을 넣고 살짝 볶는다. 여기에 청주, 두반장, 설탕, 고춧가루, 후춧가루를 넣어 볶다가 물을 넣고 끓인다.
    COOKAT TIP 청주나 정종 어느 것을 넣어도 괜찮아요.
6. 끓기 시작하면 전분물을 넣어 농도를 맞춘 후 참기름을 넣는다.
7. 끓는 물에 청경채를 넣고 숨이 죽으면 건져 얼음물에 넣어 헹군 후 체에 밭쳐 물기를 뺀다.
8. 끓는 물에 소면을 넣어 거품이 끓어오르면 찬물 ½컵을 붓고, 다시 끓어오르면 찬물 ½컵을 더 부어 끓인다. 1번 더 끓어오르면 건져서 찬물에 비벼 씻은 뒤 체에 밭쳐둔다.
9. 그릇에 ⑥의 바지락볶음을 담고, 데친 청경채와 삶은 소면을 곁들인다.
10. 소면 위에 검은깨를 뿌려 완성한다.

일식, 중식

두 번 튀겨 더욱 바삭한 닭고기에 매콤한 소스를 버무린
고추깐풍기

1인분
30분 이하
중급

재료

닭다리살 300g
식용유 적당량

밑간

다진 마늘 1작은술
미림 1큰술
소금 약간

튀김 반죽

달걀 ½개
전분가루 ¼컵

소스

양파 ¼개
피망 ½개
홍고추 1개
청양고추 1개
대파(4cm) 1개
쪽마늘 2개
고추기름 2큰술
간장 1½큰술
미림 2큰술
설탕 1큰술
식초 1큰술
고춧가루 1큰술
물 1큰술
굴 소스 ½큰술
후춧가루 약간

How to

1. 닭고기는 3×3cm 크기로 잘라 분량의 밑간 재료와 골고루 버무려 약 20분간 재운다.
2. 양파, 피망은 1×1cm 크기로 썰고, 홍고추, 청양고추, 대파는 송송 썰고, 마늘은 으깬다.
3. ①에 튀김 반죽 재료를 분량대로 넣어 버무린다.
4. 팬에 넉넉한 양의 기름을 넣어 약 160℃로 달군 후 ③의 고기를 넣고 약 6분간 튀긴 후 건져둔다(1차 튀기기). 상온에 약 20분 이상 그대로 두어 어느정도 식힌다.
    > **COOKAT TIP** 튀김 요리를 할 때 2번 튀기는 경우, 1차로 튀긴 후에 최소 20분 이상 두어 온기가 없는 정도가 되도록 두었다가 다시 튀기도록 하세요.
5. 강불로 달군 기름에 ④의 고기를 약 30초간 튀긴다(2차 튀기기).
6. 중불로 달군 팬에 고추기름을 두르고 대파와 마늘을 재빨리 볶아 향을 낸다.
7. 양파, 홍고추, 청양고추, 피망을 넣어 볶다가 분량의 소스 재료를 순서대로 넣고 양파가 반투명해질 때까지 볶는다.
8. ⑤의 닭고기를 넣어 소스가 잘 스며들게 버무린 후 접시에 담아 완성한다.

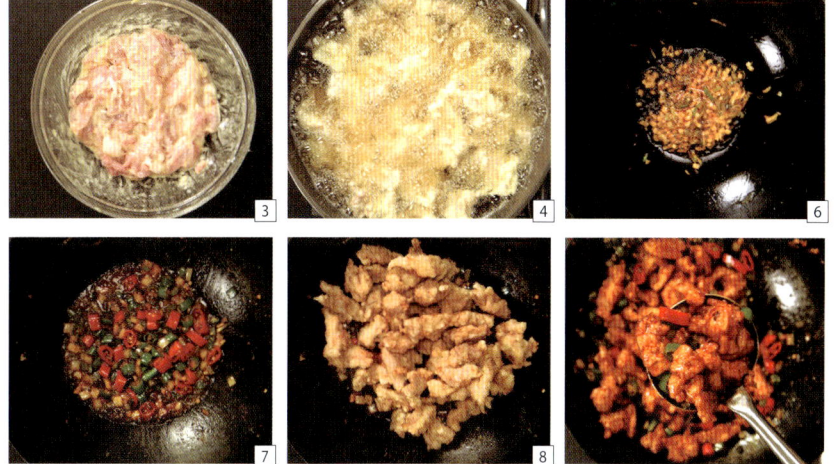

일식, 중식

5

한 끼 말고 반 끼 간식

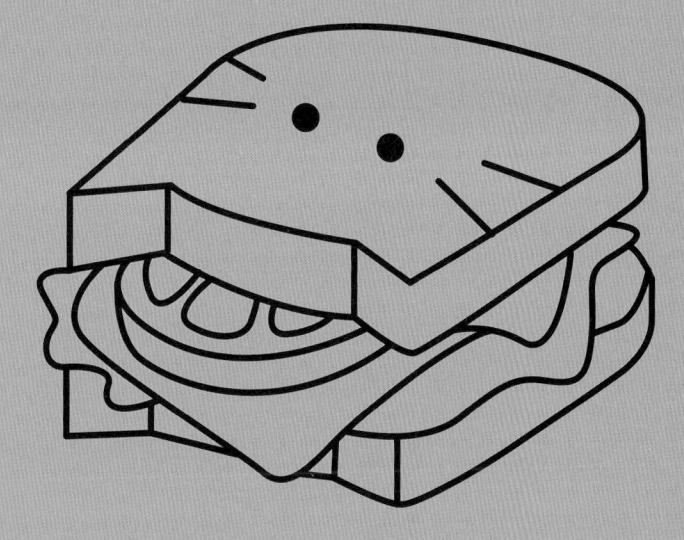

출출한데,
간단한
간식으로
한 끼 때워볼까?

간식

창동 할머니 토스트
길거리토스트 햄스페셜
베이컨토스트롤
차돌박이떡볶이
파삼겹떡볶이
기름떡볶이
마늘떡볶이
왕떡볶이
짜장떡볶이
고구마찹쌀도넛
못난이콘도그
콘치즈만두
더블치즈햄 팬케이크
롱치즈스틱
베이컨치즈볼
치즈볼
옥수수튀김
인절미치킨

평범해 보이지만 매일 아침 생각나는 맛
창동 할머니 토스트

1인분
20분 이하
초급

재료

식빵 2장
양배추 1줌(50g)
당근 약간
부추 약간
달걀 1개
마가린(2x2x2cm) 2조각

양념

설탕 2큰술
케첩 적당량

How to

1. 양배추와 당근은 가늘게 채 썰고, 부추는 6cm 길이로 자른다.
2. 볼에 양배추, 당근, 부추, 달걀 1개를 넣고 젓가락을 이용해 잘 섞는다.
3. 중약불로 달군 팬에 마가린(1조각)을 두르고 ②를 부은 뒤 부침개처럼 노릇하게 굽는다.
4. 팬 한쪽에 마가린(1조각)을 두르고 식빵 2장을 연갈색이 나도록 앞뒤로 뒤집어가며 굽는다.
5. 접시에 쿠킹호일을 깔고 식빵 1장에 달걀부침을 얹는다. 그 위에 설탕을 올려 숟가락으로 넓게 편 뒤 케첩을 둥글게 뿌린다.
6. 나머지 식빵 1장을 덮고 호일로 감싸 마무리한다.

간식

달콤한 키위 소스가 신의 한 수
길거리토스트 햄스페셜

1인분
30분 이하
초급

재료

식빵 2장
양배추 1줌(50g)
달걀 1개
스위트콘 1큰술(15g)
슬라이스 햄 1장
베이컨 1줄
체더 슬라이스 치즈 1장
오이피클 4개
버터(2x2x2cm) 1조각

키위 소스
키위 드레싱 2큰술
설탕 1큰술
마요네즈 1큰술
올리고당 1큰술
레몬즙 1큰술

How to

1 양배추는 채칼로 얇게 채 썰고, 베이컨을 반으로 썬다. 스위트콘은 체에 받쳐 물기를 뺀다.
   COOKAT TIP 양배추를 채 썰어 얼음물에 5분 정도 담가 두면 더욱 아삭해져요.
2 키위 소스 재료를 분량대로 한데 섞어 키위 소스를 만든다.
3 종이컵에 달걀과 스위트콘을 섞어 달걀물을 만든다.
4 중약불로 달군 팬에 버터(½조각)를 두르고 식빵 2장를 연갈색이 나도록 앞뒤로 뒤집어가며 굽는다.
5 중약불로 달군 팬 한쪽에 버터(½조각)를 두르고 달걀물을 부은 뒤 뒤집개로 네모 모양을 잡아가며 달걀지단을 부친다.
6 팬 한쪽에 슬라이스 햄, 베이컨을 굽는다.
7 슬라이스 햄이 노릇해지면 그 위에 체더 슬라이스 치즈, 베이컨을 순서대로 올려 치즈를 녹인다.
8 식빵 2장의 안쪽 면에 키위 소스를 바르고 그중 1장에 양배추, 피클을 올린다.
9 그 위에 달걀지단과 ⑦을 올리고 나머지 식빵으로 덮은 뒤 포장 용지로 감싼다.

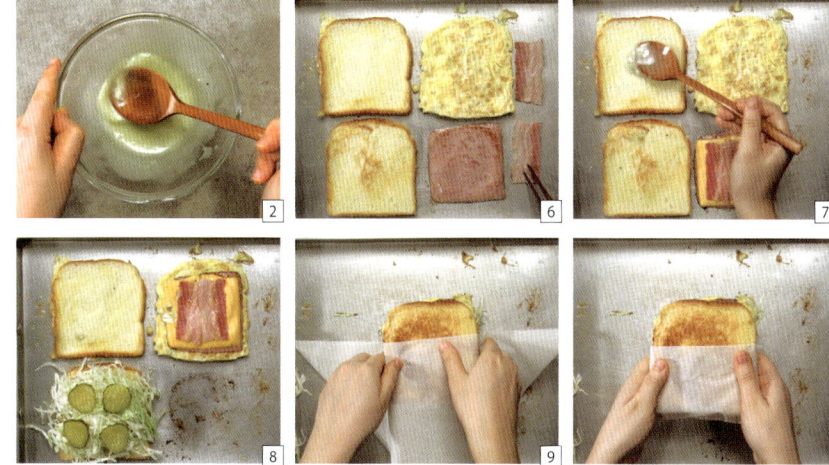

간식

식빵에 달걀 샐러드를 넣고 베이컨으로 말아 구운
베이컨토스트롤

1인분
30분 이하
초급

재료

식빵 4장
달걀 4개
베이컨 8장

양념

마요네즈 2큰술
소금 1작은술
후춧가루 약간
버터(2x2x2cm) 1조각

How to

1. 냄비에 물과 달걀을 넣고 강불에서 15분간 완숙으로 삶아 껍질을 벗긴다.
   COOKAT TIP 삶은 달걀을 찬물이나 얼음물에 담가두면 껍질을 쉽게 벗길 수 있어요.
2. 삶은 달걀을 흰자와 노른자로 분리한 후, 흰자는 잘게 다지고 노른자는 으깬다.
3. 볼에 흰자, 노른자, 소금, 후춧가루, 마요네즈를 넣고 골고루 비벼 달걀 샐러드를 만든다.
4. 식빵의 가장자리를 자르고 밀대로 민 뒤 식빵 반쪽에 달걀 샐러드 2큰술을 얹고 골고루 편 뒤 반으로 접는다.
5. ④를 베이컨 2장으로 돌돌 말아 식빵 전체를 감싼 뒤 반으로 자른 이쑤시개로 롤의 양쪽을 고정한다.
6. 중약불로 달군 팬에 버터를 두르고 6~8분 정도 굴려가며 베이컨롤을 노릇하게 구운 후 종이 호일로 감싼다.

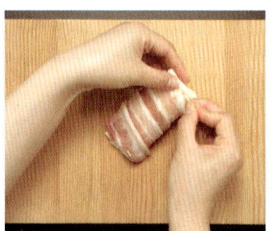

간식

차돌박이를 넣어 더 진하고 고소한 맛
차돌박이떡볶이

2인분
40분
중급

재료

소고기(차돌박이) 100g
밀떡(30cm) 4줄
사각어묵 4장
라면사리 1개
튀긴 야끼만두 2개
튀긴 김말이 2개
양배추 1줌(50g)
대파 ½대(20cm)
달걀 1개
물 5컵
즉석밥 ½개(105g)
콩나물 1줌(90g)
김 가루 적당량

양념

고추장 4큰술
고춧가루 1큰술
올리고당 1큰술
간장 1큰술
매실액 1큰술

How to

1. 어묵은 약 4×5cm 크기로 4등분한다. 대파는 송송 썰고 양배추는 1cm 두께로 채 썬다.
2. 냄비에 물과 달걀을 넣고 강불에서 15분간 완숙으로 삶아 껍질을 벗긴다.
3. 끓는 물에 콩나물을 넣고 1분 정도 삶은 뒤 찬물에 헹군다.
4. 볼에 분량의 양념 재료들을 섞어 양념장을 만든다.
5. 중불로 달군 전골냄비에 차돌박이를 넣고 볶다가 고기가 갈색 빛을 띠며 어느 정도 익으면 양념장을 넣어 함께 볶는다.
6. 익은 차돌박이는 가운데로 모아놓고 그 주변에 양배추, 대파, 어묵을 두른 후 물을 부어 강불에 끓인다.
7. 국물이 끓으면 밀떡을 넣고 4분 정도 끓인 뒤 먹기 좋은 크기로 자른다.
8. 라면사리, 김말이, 야끼만두를 넣고 5분 정도 더 끓인 후 삶은 달걀을 반으로 잘라 올린다.
9. 다 먹고 남은 떡볶이 국물에 즉석밥, 데친 콩나물, 김 가루를 넣고 볶아 볶음밥을 만든다.

구운 삼겹살과 파채를 곁들인 치즈떡볶이
파삼겹떡볶이

2인분
50분
중급

재료

떡볶이떡 15개(150g)
사각어묵 2장
양배추 1줌(50g)
양파 ½개
달걀 1개
파채 100g
삼겹살 5줄(500g)
모차렐라 치즈 1컵(100g)

양념장

고춧가루 2큰술
고추장 1½큰술
간장 1큰술
올리고당 1큰술
다진 마늘 ½큰술

멸치육수

육수용 멸치 7마리
물 2컵

How to

1   떡볶이떡은 찬물에 20~30분 정도 불린다.

　　COOKAT TIP 떡의 상태에 따라 불리는 시간을 조절하세요. 말랑한 떡은 불릴 필요가 없고, 마트 냉장떡은 약 10~15분, 냉동떡은 30분 가량 불려줍니다.

2   어묵은 6×3cm 크기로, 양배추는 한입 크기로 썰고, 양파는 굵게 채 썬다.
3   작은 냄비에 물 적당량과 달걀 1개를 넣고 10~12분 정도 삶는다.
4   강불로 달군 팬에 삼겹살을 앞뒤로 뒤집어가며 노릇하게 굽는다.
5   볼에 분량의 양념 재료를 넣고 고루 섞어 양념장을 만든다.
6   냄비에 물과 멸치를 넣고 끓기 시작하면 중약불에서 육수를 우린 뒤 약 1분 후에 멸치는 건져내고 양념장을 넣어 잘 푼다.
7   ⑥의 국물이 끓기 시작하면 불려 둔 떡을 넣고 3분 정도 더 끓인다.
8   떡이 익으면 어묵, 양배추, 양파를 넣고 끓이다가 모차렐라 치즈를 뿌린다.
9   치즈가 살짝 녹으면 그 위에 구워놓은 삼겹살, 파채, 반으로 자른 삶은 달걀을 올린다.
10 삼겹살은 먹기 좋은 크기로 잘라서 즐긴다.

간식

기름에 달달 볶은 시장표 이색 떡볶이
기름떡볶이

총 2인분
30분 이하
초급

재료

고추기름떡볶이(1인분)
떡볶이떡 20개(200g)
대파 ½대(20cm)
고춧가루 2큰술
간장 1큰술
설탕 1큰술
참기름 1큰술
식용유 3큰술

간장기름떡볶이(1인분)
떡볶이떡 20개(200g)
간장 3큰술
물엿 2큰술
다진 마늘 1작은술
통깨 1작은술
식용유 3큰술

How to

1. 떡볶이떡은 찬물에 미리 20~30분 정도 불리고, 대파는 어슷하게 썬다.
2. 볼에 불린 떡(200g), 대파, 고추기름떡볶이의 양념 재료를 넣어 버무린다.
3. 중약불로 달군 팬에 식용유를 두른 뒤 약불에서 8~10분 정도 달달 볶는다.
   COOKAT TIP 강한 불에서 볶으면 쉽게 탈 수 있기 때문에 약불에서 계속 저어가며 볶아주세요.
4. 볼에 불린 떡(200g), 간장기름떡볶이의 양념을 넣고 버무린다.
5. 중약불로 달군 팬에 식용유를 두른 뒤 약불에서 8~10분 정도 달달 볶는다.

통통한 우동사리와 달큰한 통마늘 튀김을 곁들인
마늘떡볶이

2인분
50분 이하
중급

재료

떡볶이떡 150g
다진 마늘 1큰술
우동사리 1개
쪽마늘 10개

멸치육수

육수용 멸치 10마리
물 3컵

양념

고추장 3큰술
다진 마늘 1큰술
물엿 1큰술
케첩 1큰술
설탕 1큰술
고춧가루 1큰술
간장 1큰술
맛술 1큰술

튀김 반죽

달걀 1개
밀가루 3큰술
물 ¼컵
빵가루 1컵

How to

1 냄비에 분량의 멸치육수 재료를 넣어 물이 끓기 시작하면 약불에서 10분 정도 더 끓인 후 멸치를 걸러낸다.
2 볼에 분량의 양념 재료를 넣어 섞는다.
3 냄비에 멸치육수를 붓고 ②의 양념장을 푼 후, 육수가 끓어오르면 떡볶이떡, 다진 마늘을 넣고 중불에서 5분 이상 끓인다.
4 마지막에 우동사리를 넣어 익혀 떡볶이를 먼저 완성한다.
5 볼에 달걀, 밀가루, 물을 넣고 잘 섞어 튀김 반죽을 만든다.
6 반죽에 통마늘을 넣어 튀김옷을 입히고 빵가루를 묻힌 다음 170℃의 기름에서 약 5분간 튀긴다.
7 완성된 떡볶이를 그릇에 담고 통마늘 튀김과 곁들여 낸다.

간식

가래떡을 통째로 졸여 쫀득하고 쫄깃해
왕떡볶이

1인분
30분
초급

재료

굵은 가래떡(20cm) 5개
대파 ½대(20cm)

양념장

고추장 2큰술
설탕 2큰술
고춧가루 1큰술
간장 1큰술
다진 마늘 1작은술

멸치육수

육수용 멸치 5마리
찬물 1⅛컵

How to

1. 냄비에 분량의 멸치육수 재료를 넣어 물이 끓기 시작하면 약불에서 10분 정도 더 끓인 후 멸치를 걸러낸다.
2. 대파는 6cm 길이로 자른다.
3. 분량의 양념장 재료를 한데 섞어 양념장을 만든다.
4. 냄비에 멸치육수를 붓고 양념장을 골고루 푼 다음 강불에서 끓이다가 육수가 끓으면 가래떡을 넣는다.
5. 양념이 걸쭉해지면 대파를 넣고 2분 정도 더 끓인 뒤 가위로 먹기 좋게 자른다.

짜장라면 수프로 만드는 초간단 즉석떡볶이
짜장떡볶이

1인분
40분 이하
초급

재료

떡볶이떡 10개(100g)
사각어묵 2장
양배추 1½줌(75g)
달걀 1개
튀김만두 2개
물 1½컵
짜장라면사리 ½개

양념장

고추장 1큰술
고춧가루 ¼큰술
다진 마늘 ½큰술
물엿 ½큰술
설탕 ½큰술
짜장라면 분말 수프 1개

부재료

즉석밥 ½개(105g)
올리브유 약간
김 가루 약간

How to

1. 양배추와 어묵은 떡볶이와 비슷한 크기의 직사각형으로 자른다.
2. 냄비에 찬물과 달걀을 넣고 강불에서 15분간 완숙으로 삶은 후 식혀 껍질을 벗긴다.
3. 볼에 분량의 양념장 재료를 넣고 잘 섞는다.
4. 냄비에 떡, 어묵, 양배추, 삶은 달걀, 튀김만두, 그리고 양념장과 물을 넣고 중불에서 끓인다.
5. 국물이 보글보글 끓으면 짜장라면사리를 넣고 3분 정도 더 끓여 완성한다.
6. 다 먹고 남은 양념에 밥과 올리브유, 김 가루를 넣고 볶아서 짜장볶음밥을 만든다.

    COOKAT TIP 올리브유는 짜장라면 안에 든 유성 수프를 활용하세요.

간식

고구마 무스를 넣고 튀긴 든든한 간식
고구마찹쌀도넛

1인분
30분 이하
초급

재료

고구마 무스
고구마 2개(개당 100g)
꿀 1큰술

도넛
찹쌀도넛믹스 240g
달걀 1개
물 ⅔컵
식용유 1큰술
식용유 적당량(튀김용)
자색 고구마 가루 2컵

How to

1. 냄비에 적당량의 물을 넣고 고구마 2개를 채반에 받쳐 중불에서 30~35분 정도 삶는다.
   COOKAT TIP 전자레인지용 찜기를 사용하면 전자레인지에서 쉽게 삶을 수 있어요.
2. 삶은 고구마에 꿀을 넣고 포크로 곱게 으깨서 고구마 무스를 만든다.
3. 볼에 달걀, 물, 식용유를 넣고 젓다가 찹쌀도넛믹스를 섞어 반죽을 만든다.
4. 반죽을 2큰술 떼어 고르게 기름 뺀 도넛에 고구마 무스 1큰술을 넣고 잘 감싸 고구마 모양으로 빚는다.
5. 냄비에 적당량의 기름을 붓고 170℃로 예열한 뒤 중불에서 ④의 반죽을 넣고 황금색 빛이 날 때까지 천천히 튀긴다.
6. ⑤의 도넛을 건진 후 체에 받쳐 기름을 충분히 뺀다.
7. 기름 뺀 도넛에 자색 고구마 가루를 묻혀 완성한다.
   COOKAT TIP 고구마 튀김이 따뜻할 때 가루를 묻혀야 잘 떨어지지 않아요.

간식

달콤한 옥수수를 묻혀 바삭하게 튀긴 울퉁불퉁 핫도그
못난이콘도그

1인분
20분
초급

재료

소시지 2개
밀가루 2컵
스위트콘(340g) 1캔
식용유 적당량(튀김용)
케첩 적당량
머스터드 적당량

핫도그 반죽

호떡믹스가루 296g
이스트 4g
따뜻한 물 1 1/10 컵

How to

1 따뜻한 물에 호떡믹스 안에 있는 이스트를 넣어 잘 섞는다.
2 ①에 호떡믹스가루를 넣고 고루 섞어서 핫도그 반죽을 만든다.
   COOKAT TIP 시판 호떡믹스 제품(300g)을 구입하면 분량의 이스트와 호떡믹스가루가 들어 있어요.
3 소시지를 나무젓가락에 꽂아 밀가루와 ②의 반죽 순으로 입혀 연갈색이 날 때까지 170℃의 기름에서 1차로 튀긴다.
   COOKAT TIP 1차로 튀긴 후 약 30분간 휴지기를 갖도록 하세요.
4 스위트콘은 물기를 빼서 그릇에 펴놓는다.
5 튀긴 핫도그에 반죽을 1번 더 입힌 후 겉에 스위트콘을 묻혀 2차로 황금색이 날 때까지 180℃의 기름에서 튀긴다.
6 완성된 콘도그를 케첩, 머스터드와 곁들여 먹는다.

간식

냉동 만두피와 스위트콘의 세련된 변신
콘치즈만두

1인분
30분 이하
초급

재료

스위트콘 2큰술(30g)
모차렐라 치즈 ½컵(50g)
양파 ¼개
냉동 만두피 4장

소스

시판용 토마토소스 2큰술
설탕 1큰술
핫소스 1큰술

How to

1 스위트콘은 물기를 빼고, 양파는 잘게 다진다.
2 볼에 스위트콘, 모차렐라 치즈, 다진 양파를 넣고 섞는다.
3 만두피 가장자리에 물을 묻히고 ②를 1½큰술 정도 넣어 만두 모양으로 빚는다. 그런 다음 만두피의 끝부분을 포크로 눌러 모양을 낸다.(만두 4개 완성)
  COOKAT TIP 냉동 만두피는 실온에서 반나절 정도 녹이면 좋아요.
4 팬에 식용유를 절반 정도 채운 뒤 170℃로 예열한다.
5 기름에 만두를 넣고 황금색이 날때까지 앞뒤로 30~45초씩 튀긴다. 이때 치즈가 흘러나오지 않도록 유의한다.
6 다른 팬에 설탕, 토마토소스, 핫소스를 넣고 강불에서 2~3분 정도 저어가며 끓인 뒤 졸여서 소스를 완성한다.
7 콘치즈 만두에 소스를 곁들여 먹는다.

간식

얇은 팬케이크 위에 치즈와 감자 샐러드, 소시지를 얹은
더블치즈햄 팬케이크

1인분
30분 이하
중급

재료

감자 샐러드
감자 2개
버터(2x2x2cm) 1조각
당근 약간(15g)
양파 약간(15g)
양배추 약간(15g)
스위트콘 1큰술(15g)
소금 약간
후춧가루 약간
마요네즈 4큰술

팬케이크 반죽
핫케이크믹스 250g
우유 1컵
달걀 1개

속재료
소시지 2개
체더 슬라이스 치즈 2장
파르메산 치즈가루 약간
케첩 적당량
머스터드 적당량

How to

1 냄비에 적당량의 물을 넣고 껍질 벗긴 감자 2개를 채반에 밭쳐 중불에서 30~35분 정도 삶는다.

    COOKAT TIP 감자를 가장 맛있게 삶는 방법은 껍질째 물에 담가 소금과 설탕을 넣고 삶는 거예요. 이게 번거롭다면 껍질을 벗긴 후 채반에 밭쳐 삶아도 괜찮습니다. 단, 껍질 벗긴 감자를 물에 담가 삶으면 맛이 없어요.

2 스위트콘은 물기를 빼고, 당근, 양파, 양배추는 스위트콘 크기와 비슷하게 잘게 썬다.
3 삶은 감자는 뜨거울 때 포크로 으깬다.
4 으깬 감자와 분량의 버터, 당근, 양파, 양배추, 스위트콘, 소금, 후춧가루, 마요네즈를 넣고 골고루 섞어 감자 샐러드를 만든다.

    COOKAT TIP 뜨거울 때 감자를 으깨야 덩어리지지 않고 잘 으깨지고, 으깬 감자가 뜨거워야 버터도 부드럽게 잘 섞여요.

5 볼에 분량의 팬케이크 반죽 재료를 넣고 뭉치는 곳이 없도록 거품기로 골고루 섞는다.
6 중약불로 달군 팬의 한쪽에 소시지를 굽고, 다른 한쪽에 핫케이크 반죽을 타원형으로 붓는다.
7 핫케이크 반죽의 윗면에 구멍이 생기면 약불로 줄인 후, 체더 슬라이스 치즈, 감자 샐러드 2큰술, 파르메산 치즈가루를 뿌리고 소시지를 올린다.
8 소시지 위에 머스터드와 케첩을 적당량 뿌리고, 쿠킹호일 위에 올려 반으로 접어 모양을 잡는다.
9 감자 샐러드 1큰술을 올려 완성한다.

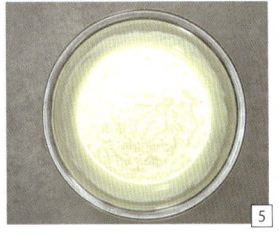

간식

스트링 치즈를 붙였다! 늘려 먹는 재미가 쏠쏠한
롱치즈스틱

1인분
20분 이하
초급

재료

스트링 치즈 4개
얼린 식빵 2장
치즈맛 치토스(88g) 1봉지
밀가루 1컵
달걀 3개
파슬리 약간
케첩 적당량

How to

1 푸드 프로세서에 얼린 식빵 2장과 치토스 1봉지를 각각 굵은 입자로 간다.
2 넓은 그릇에 갈아놓은 빵가루와 치토스를 1:1 비율로 섞는다.
3 스트링 치즈의 한쪽 끝에 밀가루 → 달걀물 순서로 묻혀 치즈 2개를 길게 잇는다.
4 길게 이은 스트링 치즈를 달걀물 → 밀가루 → 빵가루 순으로 튀김옷을 입힌다. 튀길 때 치즈가 새어 나올 수 있으므로 이 과정을 2번 반복한다.
5 ④에 파슬리 가루를 뿌린 후 2시간 동안 냉동한다.
   COOKAT TIP 냉동 과정을 거쳐야 반죽이 충분히 단단해져요.
6 냄비에 적당량의 식용유를 붓고 170℃로 예열한 뒤 치즈스틱을 넣고 2~3분 동안 굴려가며 노릇하게 튀긴다.
7 케첩을 곁들여 먹는다.

간식

한입 베어 물면 고소한 체더 치즈와 베이컨의 풍미가 훅~
베이컨치즈볼

1인분
50분
초급

재료

감자 2개
베이컨 7줄
달걀 1개
빵가루 ½컵
체더 큐브 치즈 7조각
소금 약간
후춧가루 약간
식용유 적당량

마무리

레몬 ¼개
생크림 적당량

How to

1. 냄비에 적당량의 물을 넣고 껍질 벗긴 감자를 채반에 밭쳐 중불에서 30~35분 정도 삶는다.
2. 삶은 감자는 뜨거울 때 포크로 으깬다.
3. 그릇에 달걀을 곱게 푼다.
4. 큰 볼에 으깬 감자, 달걀물(절반), 소금, 후춧가루를 넣고 잘 섞는다.
5. ④를 1큰술 떠서 손바닥에 펼친 다음 체더 큐브 치즈 1조각을 넣고 경단처럼 동그랗게 빚는다.
6. ⑤를 남은 달걀물 → 빵가루 순서로 묻히고, 베이컨 1줄로 둥글게 돌려 감아 이쑤시개로 고정한다.
7. 170℃로 예열된 식용유에 ⑦을 넣고 베이컨이 노릇노릇하게 황금색이 날 때까지 굴려가며 튀긴다.
8. ⑦의 치즈볼을 체로 건져 키친타월 위에 올린 뒤 기름을 충분히 뺀다.
9. 접시에 종이호일을 깔고 베이컨치즈볼을 올린 후 생크림, 레몬을 곁들인다.

간식

20분이면 완성하는 초간단 치즈 도넛

치즈볼

1인분
20분
초급

재료

도넛믹스 200g
큐브 치즈 블록 7개(30g)
달걀 1개
물 ⅛컵

How to

1. 달걀은 잘 풀어 체에 걸러 둔다.
2. 볼에 분량의 도넛믹스, 달걀물(절반), 물을 넣고 잘 섞은 뒤 랩을 씌워 10분 동안 숙성시킨다.
3. 반죽을 한입 크기(1큰술)로 떼어내 안에 치즈를 넣고 경단 모양으로 둥글려 빚는다.
4. 냄비에 적당량의 식용유를 붓고 180℃로 예열한 후 ③을 넣어 노릇하게 튀긴다. 이때 치즈볼이 서로 달라붙지 않도록 튀김용 젓가락으로 저어가며 튀긴다.
5. 치즈볼을 체로 건져 키친타월 위에 놓고 충분히 기름을 뺀 후 그릇에 담는다.

달콤한 옥수수와 고소한 치즈가 알알이 박힌 도넛
옥수수튀김

1인분
30분
초급

재료

핫케이크믹스 350g
스위트콘 ½캔(30g)
체더 큐브 치즈 70g
달걀 1개
물 2컵
우유 ¼컵
후춧가루 약간
식용유 적당량

How to

1 볼에 물, 달걀, 후춧가루를 넣고 포크로 섞는다.
2 ①에 핫케이크믹스와 우유를 넣고 가루가 뭉치지 않도록 잘 섞는다.
3 ②에 물기 뺀 스위트콘과 체더 치즈를 넣고 고루 섞어 10분간 숙성시킨다.
4 냄비에 적당량의 식용유를 붓고 170℃로 예열한 뒤, 반죽을 국자의 반 정도 양으로 동그랗게 떠서 넣고 앞뒤로 뒤집어가며 노릇하게 튀긴다.
5 튀김을 체로 건져 키친타월 위에 놓고 기름을 충분히 뺀 뒤 그릇에 담는다.

간식

쫀득한 인절미를 품은 바삭한 치킨
인절미치킨

2인분
30분 이하
중급

재료

닭다리살 350g
인절미 12개(200g)
우유 1컵
튀김가루 1컵
소금 약간
후춧가루 약간
식용유 적당량

튀김 반죽

튀김가루 1컵
물 ¾컵

마무리

콩가루 적당량
견과류(땅콩, 아몬드, 호두 등) 적당량
말린 크랜베리 적당량

How to

1. 닭다리살은 손바닥 반 정도 크기로 자른다.
2. 닭다리살에 소금과 후춧가루로 밑간한 뒤 우유를 붓고 30분간 재운다.
3. 냄비에 적당량의 식용유를 부은 뒤 중불에서 170℃의 온도로 예열한다.
4. 볼에 분량의 튀김가루와 물을 넣고 골고루 섞어 튀김 반죽을 만든다.
   COOKAT TIP 얼음물로 반죽하면 더 바삭한 튀김을 만들 수 있어요.
5. 재워둔 닭고기를 건져 키친타월로 물기를 제거한다.
6. 닭고기 안에 인절미를 넣고 잘 감싸 튀김 반죽→튀김가루 순으로 묻힌다.
   COOKAT TIP 인절미는 콩가루가 묻지 않은 떡 부분만 사용하세요. 4×2×1cm크기의 인절미 6개 정도면 적당합니다.
7. 닭고기 없이 인절미만 튀긴다. 이때 인절미에 튀김가루→튀김 반죽 순으로 튀김옷을 입힌다.
   COOKAT TIP 떡만 튀길 때는 튀김가루를 반드시 먼저 묻혀야 튀기다 터지는 것을 막을 수 있어요. 이 인절미는 3×3×3cm 크기의 것으로 6개 가량 준비하세요.
8. 170℃로 예열한 식용유에 ⑥과 ⑦을 넣고 표면이 황금색이 될 때까지 튀긴다.
9. 키친타월 위에서 기름을 뺀 후 콩가루와 견과류, 말린 크랜베리 등을 적당량 뿌려 완성한다.

간식

6

밥 대신 한 끼 안주

안주 하나
만들어서
식사 겸
술 한잔 어때?

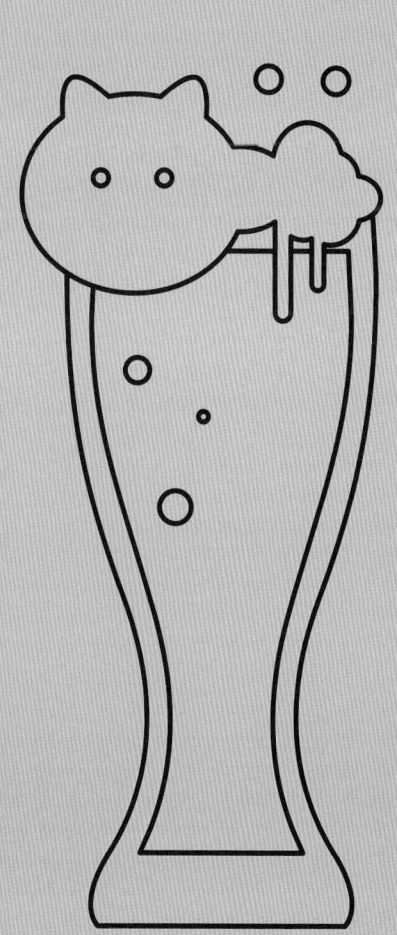

술안주

갈비대왕치킨

치즈등갈비

치즈닭갈비

치즈불닭

치즈새우촌닭

찹스테이크

치즈닭꼬치

속초 중앙시장 닭꼬치

떡갈비꼬치

통마늘새우꼬치

삼겹살시시케밥

치즈몽실탕수육

소시지달걀말이

참치김치달걀말이

명란달걀말이

통양파튀김

삼겹살튀김

점보새우튀김

고추튀김

명란크로켓

치즈볶음닭

삼겹살치즈말이

골뱅이무침

도토리무침과 묵밥

소면낙지볶음

콩불

대패삼겹살숙주볶음

빨간어묵

화산폭발 치즈달걀찜

진미채버터구이

노릇하게 구운 닭갈비에 치밥까지 즐긴다!
갈비대왕치킨

2인분
50분
중급

재료

순살 닭 1마리(600g)
파채 1줌(100g)
식용유 약간

갈비 양념

진간장 6큰술
매실액 3큰술
올리고당 3큰술
청주 3큰술
양파 약간(25g)
설탕 1큰술
참기름 1큰술
다진 마늘 1큰술
후춧가루 약간

치킨밥

즉석밥 1개(210g)
달걀 1개
조미 김 약간
갈비 양념 5큰술

How to

1 닭고기는 한입 크기(3×4cm)로 썬다.
2 강판에 양파를 간 다음, 볼에 분량의 양념 재료를 한데 섞어 갈비 양념을 만든다. 치킨밥용 소스 5큰술은 따로 덜어둔다.
3 갈비 양념에 닭고기를 버무려 20분 동안 재운다.
4 약불로 달군 팬에 식용유를 두르고 닭고기를 넣어 15분 정도 앞뒤로 노릇하게 익힌다.
　COOKAT TIP 강불에서 익히면 양념만 금방 타기 때문에 약불에서 졸이는 식으로 익히세요.
5 완성한 간장 닭갈비에 파채를 곁들여 먹는다.
6 남은 닭갈비는 가위로 잘게 잘라 즉석밥, 남겨 둔 갈비 양념, 달걀프라이, 길게 자른 조미 김을 넣고 고루 비벼 치밥(치킨밥)으로 즐긴다.

매콤한 양념이 밴 갈비를 치즈에 콕 찍어 먹는
치즈등갈비

1인분
1시간 50분
중급

재료

등갈비 1kg
양파 ½개
대파 1대(40cm)
월계수 잎 5장
통후추 1큰술
물 7컵
모차렐라 치즈 5컵

양념장

고춧가루 6큰술
간장 4큰술
다진 마늘 2큰술
설탕 2큰술
소금 약간
후춧가루 약간

How to

1. 등갈비는 찬물에 담가 40분 이상 핏물을 뺀 후 물기를 제거한다.
2. 냄비에 물, 등갈비, 양파, 대파, 월계수 잎, 통후추를 넣고 뚜껑을 닫은 뒤 강불로 끓이다가 물이 끓으면 중불로 줄여 40~50분 정도 삶는다.
3. 고기는 건져내고 육수는 체에 걸러 따로 보관한다.
4. 등갈비가 완전히 식으면 한 쪽씩 먹기 좋게 자른다.
5. 볼에 분량의 양념장 재료를 넣고 잘 섞는다.
6. 중불로 달군 냄비에 등갈비와 양념장을 넣어 버무리고, 등갈비 삶은 육수를 ⅔컵 정도 부은 뒤 잘 저어가며 10분 정도 졸인다.
7. 접시 한쪽에 완성된 등갈비를 담고 다른 쪽에는 모차렐라 치즈를 듬뿍 올린 후 전자레인지에서 5분 정도(혹은 치즈가 녹을 때까지) 익혀 완성한다.

지글지글 닭갈비를 볶아 중간에 치즈를 좌르륵
치즈닭갈비

2인분
1시간 20분
중급

재료

닭다리살 500g
모차렐라 치즈 3컵(300g)
양배추 6장(180g)
고구마 1개(90g)
떡볶이떡(6cm) 15개
양파 1개
깻잎 5장
우유 1¼컵
물 ½컵
홍고추 1개
식용유 약간

양념장
고추장 3큰술
간장 3큰술
고춧가루 2큰술
설탕 2큰술
미림 2큰술
다진 마늘 1큰술
카레가루 1큰술

How to

1 닭다리살은 20~30분 정도 우유에 담가 누린내를 제거한 뒤 체에 걸러 물기를 뺀다.
2 고구마는 떡볶이와 같은 크기로 썰고, 양배추와 양파는 한입 크기로 썬다. 깻잎은 굵게 채 썰고 홍고추는 송송 썬다.
3 볼에 분량의 양념장 재료를 넣고 잘 섞어 닭갈비 양념장을 만든다.
4 큰 볼에 ①의 닭고기와 양념장을 넣은 뒤 조물조물 버무려 10~20분 정도 재운다.
5 중약불로 달군 팬에 식용유를 살짝 두르고 양념한 닭고기를 넣어 약 4분 정도 껍질 쪽을 먼저 익힌다.
6 ⑤에 물과 고구마를 넣고 고구마가 반 정도 익을 때까지 볶는다.
7 고구마가 어느 정도 익으면 양파, 양배추를 넣고 숨이 죽을 때까지 볶은 뒤 떡을 넣는다.
   COOKAT TIP 취향에 따라 우동사리를 넣어도 좋아요.
8 떡을 넣고 2분간 더 볶다가 깻잎과 홍고추를 넣어 볶는다.
9 닭갈비를 팬의 좌우로 나누고 약불로 줄인 다음 가운데에 모차렐라 치즈를 뿌려 녹인다.

청양고추로 알싸함을 더해 맛있게 매운
치즈불닭

2인분
1시간
중급

재료

닭다리살 500g
떡볶이떡(3cm) 100g
모차렐라 치즈 1컵(100g)
쪽마늘 10개
청주 3큰술
후춧가루 약간
식용유 3큰술

불닭 양념

고춧가루 3큰술
고추장 1큰술
간장 1큰술
설탕 1큰술
미림 1큰술
다진 마늘 1큰술
대파(4cm) 1개
청양고추 2개
홍고추 1개

볶음밥

즉석밥 1개(210g)
김 가루 2큰술
날치알 2큰술
참기름 1작은술

How to

1 닭고기는 8x8cm 크기로 큼직하게 토막내 청주와 후춧가루를 넣고 버무려 20분간 재운다.
2 청양고추와 홍고추는 송송 썰고, 대파는 잘게 다지고, 마늘은 편 썬다.
3 볼에 분량의 불닭 양념을 넣고 잘 섞는다.
4 볼에 재워둔 닭고기, 불닭 양념, 마늘을 넣어 잘 섞고 랩으로 싼 뒤 냉장고에서 20~30분 숙성한다.
5 팬에 기름을 두르고 ④와 떡볶이떡을 넣고 중불에서 닭과 떡이 완전히 익을 때까지 볶는다.
6 완성된 불닭을 무쇠팬의 양쪽으로 담고, 가운데에 모차렐라 치즈를 뿌린 뒤 중약불에서 치즈를 녹인다.
7 먹고 난 후 남은 양념에 분량의 볶음밥 재료를 넣고 중불에서 약 3~4분 정도 볶아 볶음밥을 만든다.

술안주

새콤달콤 닭볶음에 새우와 치즈를 곁들인
치즈새우촌닭

2인분
40분
중급

재료

닭다리살 225g
떡볶이떡(6cm) 8개
칵테일 새우 11개
스위트콘 2큰술(30g)
식용유 2큰술
모차렐라 치즈 1컵(100g)
파슬리 가루 약간

양념장

케첩 2큰술
고추장 1큰술
굴 소스 1큰술
올리고당 1큰술
다진 마늘 ½큰술

How to

1 떡볶이떡은 찬물에 20분 정도 불리고, 스위트콘은 채반에 밭쳐 물기를 뺀다.
2 닭고기는 3x3x2cm 크기로 자른다.
3 칵테일 새우는 끓는 물에 2분 정도 데친 후 체에 밭쳐둔다.
4 분량의 양념장 재료를 볼에 넣고 잘 섞는다.
5 닭고기와 떡볶이떡에 양념장을 넣어 고루 버무린다.
6 중불로 달군 팬에 식용유를 두르고 ⑤를 넣어 볶아가며 익힌다.
7 닭고기가 적당히 익으면 약불로 줄인 후 칵테일 새우, 모차렐라 치즈, 스위트콘을 올리고 뚜껑을 덮어 익힌다.
8 치즈가 어느 정도 녹으면 파슬리 가루를 뿌려 마무리한다.

술안주

맛있게 졸인 소고기를 뭉근한 치즈 소스에 콕
찹스테이크

1인분
55분
중급

재료

소고기 등심 300g
양파 ½개
홍피망 ½개
청피망 ½개
양송이버섯 3개
올리브유 약간(두르는 용)

소고기 밑간

올리브유 1큰술
소금 ½큰술
후춧가루 ½작은술

소스

케첩 5큰술
우스터소스 4큰술
굴 소스 2큰술
다진 마늘 1큰술
설탕 1큰술
물 3큰술
올리브유 1큰술

치즈 감자

감자 1개
체더 슬라이스 치즈 2장

치즈 소스

체더 슬라이스 치즈 1장
소금 약간
후추 약간
우유 1컵
즉석밥 ½개(105g)
양배추 2장(50g)
깨 약간
바질 약간
드레싱 1큰술

How to

1 소고기는 3x3x0.5cm 크기로 자른다.
2 양파, 홍피망, 청피망은 소고기와 비슷한 크기로 자르고, 양송이는 모양대로 슬라이스한다.
3 끓는 물에 감자를 넣고 20~30분간 삶은 뒤 껍질째 반으로 자른다.
4 뜨거운 감자 위에 체더 슬라이스 치즈 1장을 올린다.
5 ①의 소고기에 분량의 밑간 양념을 뿌려 10분간 재운다.
6 볼에 분량의 소스 재료를 넣고 섞어 소스를 만든다.
7 강불로 달군 팬에 올리브유를 두르고 소고기를 앞뒤로 살짝 구운 다음 손질한 홍피망, 청피망, 양송이버섯, 양파, 소스를 넣어 볶은 뒤 약불로 줄여 마저 익힌다.
8 다른 팬에 분량의 치즈 소스를 재료를 넣고 강불로 올려 치즈가 녹아 걸쭉한 농도가 될 때까지 졸인다.

  COOKAT TIP 치즈 소스에 넣는 드레싱은 각자 취향껏 선택하세요. 이를테면 오리엔탈 드레싱을 1큰술 넣는 식으로요.

9 주물팬에 ⑦의 찹스테이크, ④의 치즈 감자, 밥, 양배추를 올린 뒤 치즈 소스를 곁들여 완성한다.

  COOKAT TIP 양배추를 곁들이면 더욱 아삭하고 맛있게 즐길 수 있어요.

데리야키 소스에 졸인 닭고기와 구운 치즈를 꼬치에 쏙

치즈닭꼬치

2인분
20분
초급

재료

닭다리살 170g
구이용 치즈 150g

데리야키 소스
간장 3큰술
설탕 1큰술
청주 1큰술
맛술 1큰술

How to

1 닭고기와 치즈는 먹기 좋은 크기(3x3cm)로 썰어 각각 14조각씩 만든다.
2 볼에 분량의 데리야키 소스 재료를 넣고 잘 섞는다.
3 중약불로 달군 팬에 데리야키 소스를 붓고 닭고기를 넣어 소스를 졸여가며 볶는다.
4 중약불로 달군 다른 팬에 치즈를 앞뒤로 노릇하게 굽는다.
5 꼬치에 닭고기→ 치즈→닭고기→ 치즈 순으로 꽂아 완성한다.

3

4

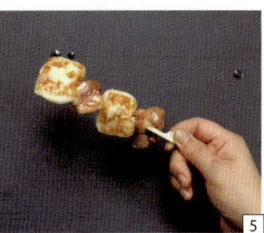
5

고추장 양념을 쓱쓱 발라 구운 닭꼬치에 모차렐라 치즈를 듬뿍
속초 중앙시장 닭꼬치

1인분
30분
초급

재료

닭다리살 200g
대파 1대(36cm)
떡(6cm) 2개
파인애플 슬라이스
1조각(140g)
모차렐라 치즈 ⅓컵(35g)
깻잎 7장
식용유 1큰술

고추장 양념

고추장 2큰술
물엿 3큰술
청양고추 1개
고춧가루 1큰술
맛술 1큰술
다진 마늘 ½큰술
간장 ½큰술
참기름 ½큰술

How to

1 닭고기는 6x3cm 크기로 자른다.
2 깻잎은 채 썰고, 대파는 떡과 같은 길이(6cm)로 썬다. 파인애플은 1조각을 4등분한다.
3 꼬치에 파인애플→떡→닭고기→대파→닭고기→대파→닭고기→대파→닭고기 순으로 꽂는다.
4 청양고추는 씨를 빼고 잘게 다진 후, 볼에 분량의 고추장 양념 재료를 넣고 잘 섞는다.
5 강불로 달군 팬에 식용유를 두르고 ③의 닭꼬치를 노릇하게 굽다가 중약불로 줄이고 고추장 양념을 적당히 발라가며 굽는다.
　└ **COOKAT TIP** 불이 너무 세면 양념이 탈 수 있어요. 양념을 바르기 전에 중약불로 줄이세요.
6 닭꼬치를 포장 용기에 담아 꼬치를 뺀 뒤, 채 썬 깻잎을 올리고 그 위에 모차렐라 치즈를 듬뿍 얹는다. 전자레인지에 1~2분 정도 돌려 치즈를 녹인다.

술안주

가래떡에 고기를 도톰하게 붙여 간장 양념에 지글지글

떡갈비꼬치

1인분
40분 이하
초급

재료

다진 소고기 150g
다진 돼지고기 100g
가래떡(20cm) 3개
식용유 약간

고기 양념

간장 1큰술
다진 마늘 2작은술
대파(2cm) 1개
참기름 2작은술
설탕 1작은술
후춧가루 약간

간장 소스

간장 1큰술
다진 마늘 1작은술
물엿 1작은술

How to

1 대파는 잘게 다진다.
2 볼에 소고기와 돼지고기를 넣고, 분량의 고기 양념 재료를 넣어 잘 치댄다.
3 고기를 3등분해 각각의 가래떡에 도톰하게 감싸듯이 붙인다.
4 볼에 분량의 간장 소스 재료를 넣고 섞는다.
5 중불로 달군 팬에 식용유를 두르고 ③을 굴려가며 노릇노릇하게 굽는다.
6 약불로 줄여 고기 위에 양념을 발라가면서 3~4분 정도 더 굽는다.
7 다 익은 떡갈비에 나무 꼬치를 꽂아 완성한다.

그릴팬에 구워 맛도 눈도 즐거운 칠리소스 맛 꼬치
통마늘새우꼬치

2인분
30분
초급

재료

가래떡(12cm) 1개
칵테일 새우 8마리
대파 ½대(20cm)
쪽마늘 8개
식용유 약간

소스
스위트 칠리소스 2큰술
스리라차 칠리소스 2큰술

How to

1. 가래떡과 대파를 비슷한 길이로 4등분한다.
2. 마늘, 새우, 떡, 대파를 취향에 맞게 꼬치에 끼운다.
3. 중불로 달군 그릴팬에 식용유를 두르고 꼬치를 올린다.
4. 분량의 소스 재료를 섞어 꼬치의 앞뒤에 바르고 마늘이 다 익을 때까지 앞뒤로 뒤집어가며 굽는다.

   COOKAT TIP 집에 그릴팬이 없다면 프라이팬에 구워도 좋아요.

술안주

데리야키 소스를 발라 구운 삼겹살 꼬치
삼겹살시시케밥

2인분
1시간 40분
중급

재료

통삼겹살 600g
대파 1대(40cm)
샬롯 3개(185g)
쪽마늘 6개

밑간 양념

화이트와인 1컵
월계수 잎 2장
로즈메리 약간
오레가노 약간
간 후추 약간

데리야키 소스

다시마 육수 1컵
양파 ½개
대파 1대(40cm)
쪽마늘 3개
통후추 25알
진간장 1컵
청주 1컵
올리고당 ⅓컵
설탕 ⅓컵

다시마 육수

물 2컵
다시마(4x4cm) 2장

How to

1. 냄비에 분량의 다시마 육수 재료를 넣고 강불에 끓인 뒤, 끓기 시작하면 약불로 줄이고 10분 정도 더 우려 육수를 만든다.
2. 오븐은 170℃로 예열한다.
3. 냄비에 분량의 데리야키 소스 재료를 넣고, 중약불에서 2~30분 정도 윤기 나게 졸인다.
4. 대파 1대(소스용)는 반으로, 다른 1대(꼬치용)는 5cm 길이로 썰고, 샬롯은 반으로 썬다.
   ┗ **COOKAT TIP** 샬롯 대신 파프리카나 떡볶이떡으로 대체해도 괜찮아요.
5. 통삼겹살은 앞뒤에 벌집 모양으로 칼집을 내고, 분량의 밑간 양념을 넣어 조물조물 잘 버무린 뒤 1시간 정도 재운다.
6. 강불로 달군 팬에 ⑤를 넣고 겉부분이 갈색 빛이 나도록 1차 초벌구이 한다.
7. 도마에 ⑥을 놓고 한입 크기로 자른다.
8. 삼겹살→대파→삼겹살→대파→삼겹살→샬롯→마늘 순서대로 꼬치에 꿴다.
9. 오븐팬에 쿠킹호일을 깔고, 꼬치를 올려 데리야키 소스를 적당히 바른 뒤 오븐에서 15분간 구워 완성한다.

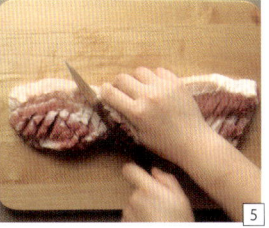

고기와 치즈를 한입 크기로 바삭하게 튀긴 찹쌀 탕수육
치즈몽실탕수육

2인분
50분
중급

재료

돼지고기 등심 400g
통모차렐라 치즈(임실치즈) 6조각
미림 ½컵
소금 1작은술
식용유(튀김용) 적당량

반죽물

전분가루 1컵
찹쌀가루 ½컵
찬물 1컵

소스

당근 ½개(1줌)
양파 ¼개(1줌)
파프리카 ¼개(½줌)
반죽물 1큰술
물 ½컵
간장 5큰술
설탕 4큰술
식초 6큰술

How to

1 양파, 파프리카는 1cm 두께로 채 썰고, 당근은 얇게 반달썰기 한다.
2 돼지고기와 모차렐라 치즈는 3x3x2cm 크기로 썬다.
3 넓은 접시에 돼지고기를 펼쳐놓고 소금, 미림을 넣어 20분 정도 재운다.
4 볼에 분량의 반죽물 재료를 넣고 잘 섞는다.
5 반죽물 ⅔에 재워둔 돼지고기를 버무리고, 나머지 반죽물 ⅓에 모차렐라 치즈를 버무린다(소스에 넣을 1큰술은 따로 남겨둔다).
6 170℃로 예열한 식용유에 ⑤의 돼지고기는 6분, 치즈는 2분을 튀긴 다음 체로 걸러 키친타월 위에 놓고 기름을 뺀다.
7 작은 냄비에 분량의 물, 설탕, 간장, 식초를 넣고 저은 후, 당근, 양파, 파프리카를 넣는다.
8 ⑦이 끓어오르면 남겨둔 반죽물 1큰술을 넣어 농도를 걸쭉하게 조절해 소스를 완성한다.
9 ⑥의 탕수육에 완성한 소스를 곁들여 낸다.

술안주

달걀 속 보드라운 소시지와 촉촉한 치즈를 품은
소시지달걀말이

2인분
20분
초급

재료

달걀 4개
체더 슬라이스 치즈 2장
프랑크소시지 1개
당근 약간(15g)
대파(4cm) 1개
소금 약간
식용유 약간

How to

1 달걀을 잘 풀어 체에 2번 곱게 내린다.
2 당근과 대파는 잘게 다진다.
3 체에 내린 달걀에 당근, 대파, 소금을 넣고 섞는다.
4 중약불로 달군 사각팬에 식용유를 두르고 키친타월로 팬에 고루 발라가며 닦아낸다.
5 달걀물 한 국자를 붓고 넓게 편 후 약불로 익힌다.
6 달걀물의 밑면이 살짝 익으면 위에 치즈 2장을 얹고 소시지를 올린 다음 말아서 굽는다.
7 원하는 크기가 나올 때까지 달걀물을 한 국자씩 넣고 계속 이어가며 돌돌 만다.
8 식혀서 먹기 좋은 크기로 썬다.

COOKAT TIP 식히지 않은 상태에서 자르면, 소시지가 분리되거나 달걀말이가 쉽게 부서져요.

술안주

참치김치볶음을 달걀로 둘둘 말아 두툼하게 완성한
참치김치달걀말이

1인분
30분
초급

재료

달걀 6개
설탕 ½큰술
소금 약간
식용유 3큰술(부침용)

참치김치볶음

참치 캔(100g) 1개
김치 2줄
고추장 ½큰술
다진 마늘 ½큰술
설탕 ½큰술

How to

1 김치는 잘게 썰고, 참치는 체에 밭쳐 기름을 걸러 둔다.
2 볼에 달걀을 풀고 설탕, 소금을 넣어 고루 섞은 후 체에 곱게 내린다.
3 중불로 달군 팬에 식용유를 두르고 다진 마늘을 볶은 뒤, 김치, 참치, 설탕, 고추장 순서로 넣고 3~4분간 더 볶는다.
4 중약불로 달군 사각팬에 식용유를 살짝 바른 뒤, 달걀물 절반을 부어 얇게 펴고 약불로 줄인다.
5 달걀물의 가장자리가 익어갈 때쯤 ③의 참치김치볶음을 길게 올린다.
6 달걀로 참치김치볶음을 잘 감싸가며 끝까지 만다.
7 익은 달걀말이를 프라이팬의 한쪽 끝으로 당겨 놓고, 달걀물 한 국자를 부어 이어서 말기를 반복한다.
8 다 익은 달걀말이가 살짝 식으면 먹기 좋은 크기로 썬다.

   COOKAT TIP 식히지 않은 상태에서 자르면, 참치김치볶음이 분리되거나 달걀말이가 쉽게 부서져요.

술안주

밥반찬으로도 손색없는 업그레이드된 달걀말이
명란달걀말이

1인분
20분
초급

재료

명란젓 2개(25g)
식용유 약간

달걀물

달걀 5개
다시마 육수 3큰술
맛술 1큰술
설탕 1작은술
소금 약간

다시마 육수

찬물 1컵
다시마(7x4cm) 1조각

How to

1 볼에 분량의 다시마 육수 재료를 넣어 6시간 이상 우린다.
2 달걀 5개는 잘 풀어 체에 거르고, 명란젓은 껍질을 제거한다.
   └ **COOKAT TIP** 명란젓에 세로 방향으로 칼집을 살짝 넣고 칼등을 이용해 껍질과 알을 살살 긁어내 분리해요.
3 볼에 분량의 달걀물 재료를 모두 섞어 체에 다시 내린다.
4 중불로 달군 사각팬에 식용유를 두른 뒤 달걀물을 ½컵 정도 붓고 중약불로 줄인다.
5 달걀이 익기 시작하면 끝부분에 명란을 길게 올려 돌돌 만다.
6 남은 달걀물을 3~4번 정도 나누어 부어 겹겹이 말아가면서 완전히 익힌다.
7 달걀말이를 김발에 올려 꾹꾹 눌러가며 모양을 잡은 뒤 먹기 좋은 크기로 썬다.

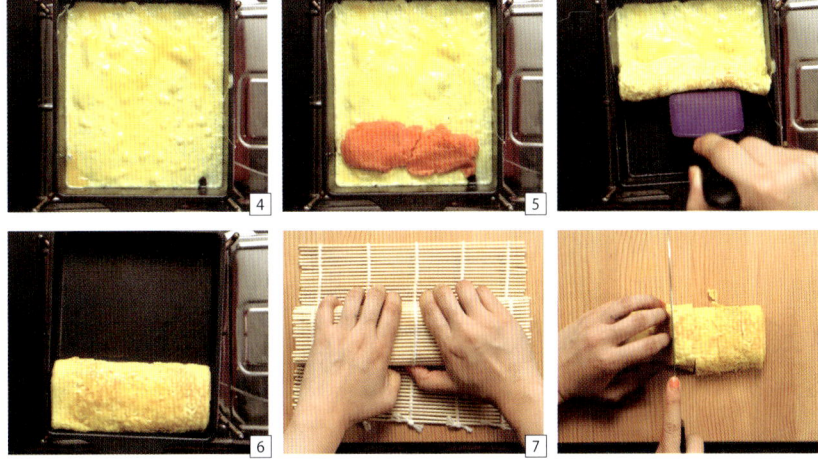

술안주

타르타르 소스를 곁들이면 더욱 달콤하고 고소해
통양파튀김

1인분
40분
중급

재료

양파 1개
달걀 2개
베이컨 3줄(60g)
밀가루 ½컵
튀김가루 ½컵

타르타르 소스

마요네즈 3큰술
양파 약간(15g)
설탕 1큰술
레몬즙 1큰술
소금 약간
후춧가루 약간
파슬리 가루 약간

마무리

파르메산 치즈 가루 ½큰술
파슬리 가루 약간

How to

1. 베이컨은 잘게 썰고, 양파(소스용)는 곱게 다진다.
2. 양쪽에 젓가락을 놓고 통양파를 그 사이에 고정시킨 다음 사방에 칼집을 낸다. 이때 양파는 끝까지 썰지 말고, 밑부분 1cm 정도를 남긴다.
3. ②를 끓는 물에 30초간 데친 후, 찬물에 담가 식혔다가 물기를 제거한다.
4. 밀가루와 튀김가루를 한데 섞어 튀김옷을 만든 뒤, 물기를 제거한 양파에 튀김옷을 입힌다.
   COOKAT TIP 튀김옷을 체에 넣고 양파 위에서 체 치면, 훨씬 쉽고 고르게 튀김옷을 묻힐 수 있어요.
5. ④에 달걀물을 입히고 다시 한번 튀김옷을 입힌다.
6. 분량의 타르타르 소스 재료를 볼에 넣고 고루 섞어 소스를 만든다.
7. 중불에서 170℃로 예열한 기름에 잘게 썬 베이컨을 튀긴다. 베이컨이 황금색이 되면 체로 건져 키친타월 위에서 기름을 뺀다.
8. 중불에서 170℃로 예열한 기름에 ⑤의 양파를 뿌리 쪽이 아래를 향하도록 넣고 양파 사이를 벌리면서 황금색이 될 때까지 튀긴다.
9. 튀긴 양파를 체로 건져 키친타월에 올리고 기름을 충분히 뺀다.
10. 양파튀김 위에 바싹 튀긴 베이컨, 파르메산 치즈 가루, 파슬리 가루를 뿌린 뒤, 타르타르 소스를 곁들인다.

술안주

무 샐러드와 간장 소스를 찍어 상큼하게 즐기는
삼겹살튀김

1인분
40분
초급

재료

삼겹살 300g(0.5cm 두께)
밀가루 3컵
무(3x3x6cm) 1도막(50g)
깻잎 5장
식용유 적당량(튀김용)

튀김옷
박력분 ½컵
얼음물 ½컵
달걀노른자 1개
소금 약간

소스
간장 1큰술
레몬즙 1큰술
설탕 1큰술
물 1큰술
다진 마늘 ½큰술
청양고추 ½개
쪽파 ½대

How to

1 청양고추와 쪽파는 송송 썰고, 깻잎은 채 썬다.
2 볼에 분량의 튀김옷 재료를 넣고 잘 섞어 튀김옷을 만든다.
3 다른 볼에 분량의 소스 재료를 넣어 잘 섞는다.
4 삼겹살에 밀가루를 묻힌 뒤 튀김옷을 입힌다.
5 넓은 팬에 식용유를 자작하게 붓고 중불로 달군 후 ④를 넣어 튀긴다.
6 앞뒤로 뒤집어가며 연갈색이 날 때까지 바싹 튀긴다. 체로 거른 후 키친타월에 올려 기름을 충분히 뺀다.
7 무를 강판에 갈아 얼음물에 흔들어 헹군 후 손으로 꾹 눌러 짜서 물기를 완전히 뺀다.
8 접시에 튀긴 삼겹살, 무 샐러드, 깻잎을 담고 소스를 곁들인다.

새우와 타르타르 소스를 넣고 돼지고기로 꼭꼭 감싼
점보새우튀김

1인분
30분
초급

재료

돼지고기 등심 60g
블랙타이거새우 3개
빵가루 1컵
밀가루 ⅔컵
달걀 1개
타르타르 소스 3작은술
식용유 적당량
소금 약간
후춧가루 약간

How to

1 도마 위에 돼지고기를 ⅓씩 나누어 놓는다. 고기망치로 0.5cm 두께가 되도록 두드린 후, 소금과 후춧가루로 밑간한다.
2 새우는 머리를 떼어내고 껍질을 벗긴 다음, 등 2~3번째 마디 사이에 이쑤시개를 찔러 내장을 뺀다.
3 달걀은 젓가락으로 잘 풀어 체에 거른다.
4 밑간한 고기 중앙에 새우를 놓고 타르타르 소스 1작은술을 올린다. 총 3개를 완성한다.
5 고기의 양쪽을 접어 새우를 감싼 후 밀가루→달걀→빵가루 순으로 옷을 입힌다.
6 냄비에 적당량의 식용유를 넣은 후 중불에서 180℃로 예열한 뒤 ⑤를 넣고 황금색이 날 때까지 5~7분 정도 튀긴다.
7 새우튀김을 체로 건진 후 키친타월에 올려 기름을 충분히 뺀다.
8 접시에 종이호일을 깔고 새우튀김을 올려 마무리한다.

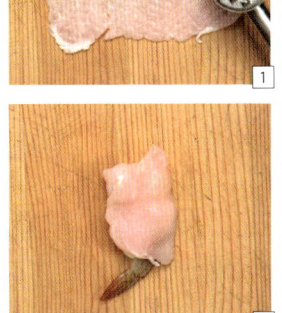
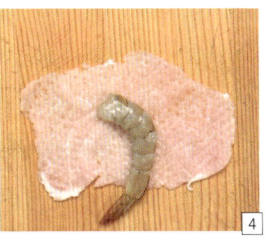

1인분
30분
초급

재료

다진 돼지고기 200g
풋고추 5개
당면 1줌(35g)
부추 1줌(5줄기/15g)
대파(8cm) 1개
밀가루 1컵
식용유 적당량

고기 양념

간장 1큰술
미림 1큰술
후춧가루 약간

튀김 반죽

튀김가루 1컵
물 1컵

How to

1. 끓는 물에 당면을 넣고 10~11분간 삶은 뒤 가위로 잘게 자른다.
   - **COOKAT TIP** 삶은 당면에 약간의 식용유를 넣어 버무려두면 면이 쉬이 붇지 않아요.
2. 부추는 송송 썰고, 대파는 잘게 다진다
3. 다진 돼지고기에 부추, 대파, 삶은 당면, 간장, 미림, 후춧가루를 넣어 섞은 뒤 잘 치대어서 고추 소를 만든다.
4. 고추에 세로로 칼집을 넣어 티스푼으로 씨를 긁어낸다.
5. 손질한 고추의 안쪽 면에 밀가루를 고루 묻히고 티스푼으로 고추 소를 꽉꽉 채운다.
6. 튀김가루와 물을 섞어 튀김 반죽을 만들고, 속을 채운 고추를 밀가루→튀김 반죽 순으로 묻힌다.
   - **COOKAT TIP** 얼음물로 반죽하면 튀김이 더욱 바삭해져요.
7. 160℃로 예열한 기름에 ⑥을 넣고 황금색이 날 때까지 튀긴 다음 체에 걸러 기름을 뺀다.
8. 취향껏 간장 양념장을 만들어 고추튀김에 곁들여 먹는다.

술안주

감자크로켓 속에 명란젓과 모차렐라 치즈가 살포시
명란크로켓

1인분
30분 이하
중급

재료

감자 3개
모차렐라 치즈
1⅛ 컵(120g)
명란젓 4개(50g)
버터(2×2×2cm) 2조각
밀가루 2컵
빵가루 2컵
달걀 2개
후춧가루 약간

How to

1. 냄비에 적당량의 물을 넣고 감자를 채반에 받쳐 중불에서 30~35분 정도 삶는다.
2. 삶은 감자의 껍질을 벗긴 뒤 뜨거울 때 포크로 으깨고 후춧가루를 넣어 잘 섞는다.
   COOKAT TIP 감자가 뜨거울 때 으깨면 덩어리지지 않고 잘 으깨져요.
3. 명란젓은 세로로 칼집을 내서 칼등으로 살살 긁듯이 속만 발라 껍질을 제거한다.
4. 밀가루는 체에 내리고, 달걀은 미리 풀어 체에 걸러서 준비한다.
5. 으깬 감자를 2½큰술 떠서 손바닥에 잘 펼친 후 명란젓 ½큰술, 모차렐라 치즈 1큰술을 넣어 동그랑땡 모양으로 빚는다.
6. 크로켓을 밀가루→달걀물→빵가루 순으로 묻힌다.
7. 중약불로 달군 팬에 버터를 녹인 후 보글보글 끓기 시작할 때, ⑥을 넣어 앞뒤로 노릇하게 굽는다.

술안주

매콤달콤하게 졸인 닭볶음에 두 가지 치즈를 뿌려 구운
치즈볶음닭

2인분
50분
중급

재료

닭다리 4개(500g)
닭날개 8개(200g)
닭봉 6개(240g)
당면 1줌(35g)
모차렐라 치즈 2½컵
슈레드 체더 치즈 ¼컵
식용유 3큰술

닭고기 밑간

청주 2큰술
간장 1½큰술
물엿 1큰술
설탕 ½큰술
페페론치노 5개

양념

청양고추 2개
고춧가루 3큰술
칠리소스 3큰술
물 3큰술
간장 2큰술
다진 마늘 2큰술
물엿 2큰술
설탕 1큰술
참기름 1큰술
소금 1작은술

How to

1. 닭고기(닭다리, 닭날개, 닭봉)는 흐르는 물에 잘 씻어 물기를 제거하고, 당면은 따뜻한 물에 30분 이상 불린다.
2. 청양고추는 반을 갈라 씨를 빼고 잘게 다진다.
3. 물기 제거한 닭고기에 칼집을 낸 뒤 큰 볼에 담아 분량의 닭고기 밑간 재료를 넣고 버무려 30분 정도 재운다.
4. 중불로 달군 팬에 식용유를 두르고, 양념을 살짝 털어낸 닭고기를 넣어 겉면이 하얗게 될 때까지 7~8분 정도 볶는다.
5. 닭고기가 반 정도 익으면 분량의 양념을 모두 넣어 잘 섞는다.
6. 뚜껑을 덮고 약불에 졸이듯이 익혀가며 살에 양념이 배도록 충분히 익힌다.
7. 닭고기에 양념이 충분히 배면 불려놓은 당면을 넣고 잘 볶는다.
8. 철판에 닭볶음을 올린 후 2가지 치즈를 위에 뿌린 뒤, 165℃로 예열된 오븐에 넣어 치즈가 녹을 때까지 약 10분간 굽는다.

COOKAT TIP 오븐이 없다면 팬 뚜껑을 덮어 약불에서 치즈를 녹이세요.

술안주

스트링 치즈를 깻잎과 대패삼겹살로 말아 구운 별미

삼겹살치즈말이

1인분
30분
초급

재료

대패삼겹살 4줄(80g)
깻잎 4장
스트링 치즈 4개
식용유 3큰술

양념

물 5큰술
맛술 2큰술
간장 2큰술
설탕 1큰술
올리고당 1큰술

How to

1. 볼에 분량의 양념 재료를 넣어 잘 섞는다.
2. 대패삼겹살을 반으로 자른 후 2장씩 포개둔다.
3. 삼겹살 위에 깻잎과 스트링 치즈를 올려 돌돌 만다.
4. 강불로 달군 팬에 식용유를 두른 뒤 ③을 넣고 노릇하게 굽는다.
5. 양념 재료를 섞어 ④에 붓고 중불로 줄인 뒤, 양념을 졸여가며 삼겹살과 함께 익힌다.

입맛 쑥쑥! 골뱅이 국물이 들어가 더욱 맛깔스러운
골뱅이무침

2인분
40분
중급

재료

골뱅이(400g) 1캔
소면 200g
양배추 2장(50g)
당근 ½개(50g)
깻잎 10장
소면 150g
깨 약간

양념장

고추장 2큰술
고춧가루 2큰술
골뱅이 국물 2큰술
식초 2큰술
올리고당 1큰술
매실액 1큰술
다진 마늘 ½큰술

How to

1. 양배추와 깻잎은 1cm 두께로 채 썰고, 당근은 가늘게 채 썬다.
2. 골뱅이는 반으로 자른다.
3. 볼에 분량의 양념장 재료를 한데 넣고 잘 섞어 양념장을 만든다.
4. 볼에 골뱅이, 손질한 채소, 양념장 ⅔을 넣고 무쳐서 접시에 담는다.
5. 끓는 물에 소면을 넣고 약 4분간 삶은 뒤 찬물에 헹궈 물기를 뺀다.
6. 소면에 나머지 양념장을 넣고 버무려 골뱅이무침 옆에 담고 깨를 뿌려 완성한다.

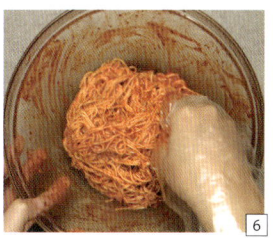

반찬으로 술안주로 부담 없이 즐기는 가벼운 한 그릇
도토리무침과 묵밥

1인분
40분
초급

재료

도토리묵 2모(640g)
당근 ½개
양파 ¼개
청고추 ½개
홍고추 ½개
상추 8장
깻잎 6장
즉석밥 1개(210g)
김 가루 적당량

멸치육수

물 2½컵
다시마(8x6cm) 1조각
육수용 멸치 6마리

무침 양념장

간장 2큰술
설탕 1큰술
참기름 1큰술
고춧가루 ½큰술
다진 마늘 ½큰술
대파(2cm) 1개
깨 약간

묵국 양념

국간장 1큰술
설탕 1큰술
식초 ½큰술
소금 약간

양념 김치

김치 1줌(100g)
대파 ½대(20cm)
참기름 1큰술
고춧가루 약간
깨 약간

술안주

How to

1　당근, 양파는 가늘게 채 썰고, 홍고추와 청고추는 어슷 썬다.
2　상추와 깻잎은 한입 크기로 찢어서 각각 반씩 나누어 놓는다.
3　도토리묵 1모(부침용)는 4×3×1cm 크기로 썰고, 다른 1모(묵국용)는 1×1×6cm 크기로 썬다.
4　무침용 대파(2cm)는 잘게 다지고, 묵국용 대파(20cm)는 송송 썬다. 김치를 1cm 크기로 잘게 썬다.
5　냄비에 멸치육수 재료를 넣고 강불에 끓인 뒤 다시마는 건져내고, 중약불로 줄여 10분 정도 더 끓여 멸치육수 2컵을 준비한다.
6　분량의 무침 양념장 재료들을 섞어 양념장을 만든다.
7　당근, 양파, 고추, 상추(½), 깻잎(½), 도토리묵을 무침 양념장과 버무려서 도토리무침을 완성한다.
8　멸치육수(2컵)에 분량의 묵국 양념 재료를 넣고 강불에 끓여 간을 한 뒤 식혀서 냉동고에 2시간 정도 둔다.
　　COOKAT TIP 육수를 반으로 나누어 각각 냉장, 냉동 보관한 뒤 섞어서 사용하면 더 시원하게 즐길 수 있어요.
9　분량의 양념 김치 재료를 한데 섞어 버무린다.
10　그릇에 도토리묵을 담고 상추(½), 깻잎(½), 양념 김치를 올린 다음 차가운 육수를 붓고 김 가루와 깨를 뿌려 묵국을 마무리한다.
11　묵국에 밥을 넣어 묵밥으로도 즐긴다.

맛있게 매운 낙지볶음에 국수를 올려 더욱 든든해

소면낙지볶음

2인분
50분
중급

재료

낙지 2마리(200g)
소면 200g
애호박 ⅓개(100g)
양파 ¼개(50g)
대파 ½대(20cm)
청양고추 1개
깨 약간

양념장

간장 4큰술
물 4큰술
설탕 3큰술
고춧가루 3큰술
고추장 2큰술
맛술 1큰술
다진 마늘 1큰술
후춧가루 약간

How to

1. 낙지는 깨끗하게 손질해 7cm 길이로 썬다.

    COOKAT TIP 낙지는 머리를 뒤집어 먹물과 내장을 떼어내고 다리 쪽의 눈 부분을 잘라요. 그다음 다리 안쪽에 있는 입을 손으로 눌러 뺀 뒤 밀가루나 소금을 뿌려 바락바락 주물러가며 불순물을 깨끗하게 없애요. 이때 빨판을 훑어가며 구석구석 깨끗이 헹궈줍니다.

2. 양파는 1cm 두께로 채 썰고, 애호박은 얇게 반달썰기 한다.
3. 청양고추는 송송 썰고, 대파는 어슷 썬다.
4. 끓는 물에 소면을 넣어 2~3분간 삶은 뒤 찬물에 헹궈 물기를 뺀다.
5. 볼에 분량의 양념장 재료를 넣어 양념장을 만든다.
6. 양념장에 손질한 낙지, 애호박, 양파, 대파를 넣어 잘 버무린다.
7. 중불로 달군 팬에 식용유를 두른 뒤 ⑥을 넣고 볶는다.
8. 낙지볶음이 어느 정도 익으면 청양고추를 넣고 3분 정도 더 볶는다.
9. 접시에 낙지볶음을 담고 소면을 올린 뒤 깨를 뿌려 마무리한다.

술안주

일명 '콩불'! 매콤한 콩나물과 대패삼겹살의 조화
콩불

2인분
40분
중급

재료

대패삼겹살 300g
콩나물 1봉(300g)
양파 ½개
대파 ½대(20cm)
깻잎 4장
즉석밥 1개(210g)
김 가루 적당량

양념장

고추장 5큰술
간장 5큰술
고춧가루 5큰술
다진 마늘 5큰술
청주 5큰술
설탕 5큰술
물엿 1큰술

How to

1. 볼에 분량의 양념장 재료를 넣고 섞어 양념장을 만들어둔다.
2. 콩나물은 깨끗하게 다듬고, 양파와 깻잎은 1cm 두께로 채 썰고 대파는 송송 썬다.
3. 팬에 콩나물을 깔고 대패삼겹살을 올린 뒤 양파와 양념장을 얹어 중불에 올린다.
4. 콩나물의 숨이 죽기 시작하면 양념장과 재료들을 잘 섞어가며 4~5분간 더 볶는다.
5. 마지막에 깻잎과 대파를 넣고 1분간 더 볶아 마무리한다.
6. 먹고 난 후 남은 콩불 양념에 즉석밥 1개, 김 가루를 넣고 중불에서 3~4분 정도 볶아 볶음밥을 만든다.

   COOKAT TIP 밥을 어느 정도 볶고 난 뒤 중약불로 줄이고 밥을 바닥에 꾹꾹 눌러 약 2분 정도 익히면 더 바삭한 식감을 즐길 수 있어요.

술안주

간장 양념으로 볶은 삼겹살에 데친 숙주를 곁들인 술안주
대패삼겹살숙주볶음

1인분
40분
초급

재료

대패삼겹살 300g
숙주나물 1줌(80g)
양파 ½개
쪽마늘 8~10개
대파(8cm) 1개
굴 소스 2큰술
식용유 1큰술
홍고추 약간
청고추 약간

양념

간장 2큰술
설탕 2큰술
다진 마늘 1큰술
맛술 1큰술
참기름 ½큰술
소금 약간
후춧가루 약간

How to

1. 양파는 채 썰고, 대파는 송송 썬다. 마늘은 편 썰고, 홍고추와 청고추는 어슷 썬다.
2. 볼에 대패삼겹살을 넣고 분량의 양념 재료를 넣어서 조물조물 버무린다.
3. 중불로 달군 팬에 기름을 두르고 양파와 마늘을 넣어 3분간 볶는다.
4. 양파가 어느 정도 익으면 양념한 대패삼겹살을 넣고 강불에서 볶는다.
5. 고기가 익으면 대파와 굴 소스를 넣고 3~4분간 더 볶는다.
6. 끓는 물에 숙주를 1분간 데친 후 체에 걸러 물기를 뺀다.
7. ⑤의 국물이 자작하게 졸면 접시에 담고 숙주나물을 올린 후 홍고추와 청고추를 고명으로 얹어 낸다.

어묵꼬치, 떡꼬치, 달걀을 넣어 칼칼하게 맛을 낸
빨간어묵

1인분
40분
초급

재료

사각어묵 3장
달걀 2개
가래떡 3개
대파 ½대(20cm)
청양고추 1개

육수

다시마(7x4cm) 1장
육수용 멸치 7마리
물 3컵

양념장

맛술 3큰술
간장 2큰술
올리고당 2큰술
고춧가루 1½큰술
고추장 1큰술
다진 마늘 1큰술
후춧가루 약간

How to

1. 사각어묵은 반으로 접어 물결 모양으로 꼬치에 꽂고, 가래떡도 꼬치에 끼운다.
2. 찬물에 다시마와 멸치를 넣고 끓이다가 팔팔 끓으면 다시마를 건진 후, 약불로 줄여 10분간 더 끓인다.
3. 달걀은 넉넉한 양의 물에 담가 10분 정도 삶아 껍질을 벗긴다. 대파는 어슷 썰고, 청양고추는 송송 썬다.
4. 볼에 분량의 양념장 재료를 넣고 섞어 양념장을 만든다.
5. 전골냄비나 깊이가 얕은 냄비에 양념장과 멸치육수 2½컵(500ml)을 넣고 풀어준 후 강불에서 끓인다. 양념장은 3큰술 정도 남겨둔다.
6. ⑤의 국물이 끓으면 어묵꼬치와 떡꼬치 그리고 청양고추 ½ 분량, 삶은 달걀을 함께 넣고 대파를 뿌린다.
7. 남은 양념장(3큰술)에 빨간 어묵 국물 ½국자와 나머지 청양고추를 넣고 청양고추 소스를 만들어 찍어 먹는다.

술안주

화려한 비주얼에 부들한 식감 지닌 화산 폭발 달걀찜
화산폭발 치즈달걀찜

2인분
40분
중급

재료

달걀 6개
물 ⅜컵
스팸 2큰술(9x0.5cm)
모차렐라 치즈 2큰술
체더 치즈 2큰술
스위트콘 1큰술
칠리소스 적당량
쪽파 약간

How to

1 볼에 달걀과 물을 넣고 핸드믹서로 곱게 푼다.
   COOKAT TIP 핸드믹서가 없을 경우 거품기를 사용하세요.
2 스팸은 잘게 깍둑 썰고, 쪽파는 송송 썬다.
3 달걀물을 뚝배기의 70% 정도 붓고 중불에서 숟가락으로 저으면서 익힌다.
4 달걀이 살짝 뭉치기 시작하면 스위트콘을 넣고 숟가락으로 계속 젓는다.
5 달걀이 80% 정도 익으면 약불로 줄인 뒤 스팸, 모차렐라 치즈를 올리고 뚜껑을 덮어 2~3분 정도 더 익힌다.
6 달걀찜이 부풀어 오르면 뚜껑을 열고 체더 치즈→칠리소스→쪽파 순으로 뿌려 마무리한다.

맥주 안주로 안성맞춤! 버터 풍미 가득한
진미채버터구이

1인분
15분
초급

재료

진미채 1줌(60g)
아몬드 1줌(25알)

양념

흑설탕 1큰술
땅콩버터 ½큰술
버터(2x2x2cm) 1조각

How to

1. 진미채를 비닐봉지에 넣고 비벼서 부드럽게 만든다.
2. 중약불로 달군 팬에 땅콩버터와 버터를 넣고 잘 섞는다.
3. 버터와 땅콩버터가 잘 녹으면 진미채와 아몬드를 넣고 3~4분간 볶는다.
4. ③에 흑설탕을 뿌려 양념이 고루 배도록 1분간 더 볶는다.
   COOKAT TIP 흑설탕을 넣고 너무 오래 볶거나 강불에 볶으면 자칫 딱딱해지거나 탈 수 있어요.
5. 완성한 진미채버터구이를 맥주 등에 곁들여 먹는다.

술안주

7

주말엔 제대로 한 끼

오늘은
친구들 불러서
집에서
해 먹을까?

일품
요리

김치찌개

차돌박이된장찌개

차돌박이강된장

갈치조림

꽃게탕

만두부짜글이

햄폭탄부대찌개

소고기국밥

차돌박이찜

김치삼겹살꽃찜

백설기소갈비찜

치즈단호박갈비찜

해물찜

마늘제육볶음

오징어보쌈

쌀뜨물을 부어 국물이 더욱 진한, 넘버원 국민 찌개요리
김치찌개

1인분
50분
중급

재료

돼지고기 목살 250g
김치 ¼포기
쌀뜨물 1¾컵
대파 ½대(20cm)
청양고추 1개
양파 ⅓개
두부 ½모

양념

다진 마늘 1큰술
고춧가루 1큰술
국간장 1큰술
새우젓 1큰술
된장 ½큰술

How to

1. 두부는 1cm 두께로 편 썰고, 양파는 채 썬다. 대파는 어슷 썰고, 청양고추는 송송 썬다.
2. 냄비에 돼지고기와 김치를 통으로 넣고, 쌀뜨물을 부어 뚜껑을 덮고 중불로 끓인다.
3. ②가 어느 정도 끓으면 양념을 넣어 잘 푼 후, 뚜껑을 덮고 20분간 중약불에서 끓인다.
4. 두부, 양파, 대파, 청양고추를 넣은 뒤 뚜껑을 덮고 5분 정도 중약불에서 끓인다.
5. 김치와 돼지고기를 한입 크기로 썰어 약불에서 3분간 더 끓인 후 마무리한다.

일품 요리

더 진하고 구수하게 즐기는 된장찌개 업그레이드 버전
차돌박이된장찌개

1인분
30분
중급

재료

소고기(차돌박이) 120g
쌀뜨물 1¾컵
애호박 ¼개
두부 ¼모
팽이버섯 ¼개
대파 1대(40cm)
청양고추 1개

양념

된장 1½큰술
다진 마늘 1½큰술
고추장 1큰술
설탕 ½큰술

How to

1 애호박은 1cm 두께로 반달 썰고, 두부는 1~2cm 두께로 편 썬다.
2 중불로 달군 뚝배기에 차돌박이를 넣고 핏기가 가실 정도로만 살짝 볶는다.
3 차돌박이가 살짝 익으면 중약불로 줄이고 양념 재료를 모두 넣어 2~3분간 고루 볶는다.
4 쌀뜨물을 붓고 중불에서 찌개가 부르륵 올라올 때까지 한소끔 끓인다.
5 찌개가 끓어오르면 애호박, 두부, 팽이버섯을 넣고 2분간 더 끓인다.
6 마지막으로 송송 썬 대파와 청양고추를 넣고 살짝만 더 끓여 완성한다.

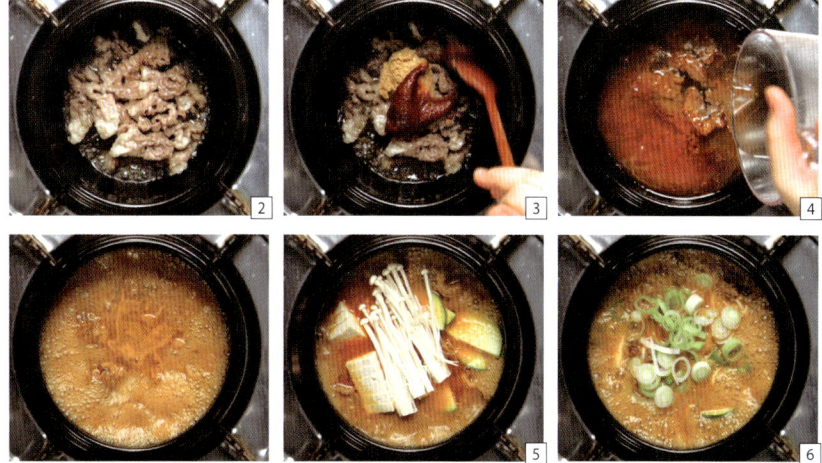

일품 요리

엄마 손맛이 그리운 날, 다시마 육수를 넣어 자작하게 끓인
차돌박이 강된장

1인분
30분
중급

재료

소고기(차돌박이) 100g
감자 ½개
새송이버섯 ½개
두부 ½모
양파 ¼개
애호박 ⅙개
다진 마늘 ½큰술
후춧가루 약간
청고추 ½개
홍고추 ½개
대파 ½대(20cm)

다시마 육수
물 1컵
다시마(8×6cm) 1장

양념장
된장 2큰술
고추장 1큰술
고춧가루 1큰술
맛술 1큰술
물엿 ½큰술

How to

1. 찬물에 다시마를 넣고 최소 30분 이상 담가 다시마 육수를 만든다.
2. 감자, 새송이버섯, 애호박, 양파, 두부는 1×1cm 크기로 깍둑 썰고, 고추와 대파는 송송 썬다.
3. 분량의 양념장 재료를 한데 섞어 양념장을 만든다.
4. 차돌박이에 다진 마늘, 후춧가루를 넣어 조물조물 밑간한다.
5. 중약불로 달군 뚝배기에 밑간한 고기를 넣고 핏기가 없어질 때까지 볶는다.
6. ⑤에 감자, 새송이버섯, 애호박, 양파를 넣고 양파가 반투명해질 때까지 볶는다.
7. 양념장을 넣고 약불에서 볶다가 양념장이 재료에 고루 스며들면, 다시마 육수 1컵을 넣고 강불에서 3~4분간 끓인다.
8. 중약불로 줄여 두부를 넣고 10분 정도 끓인 후, 고추와 대파를 넣어 마무리한다.

비린 맛 제로! 입에 착 붙는 일등 밥반찬
갈치조림

2인분
1시간
중급

재료

갈치 5토막(300g)
무 ¼개(300g)
대파 1대(40cm)
양파 ½개
청양고추 1개

다시마 육수

물 2컵
다시마(3×4cm) 1조각

양념장

고춧가루 3큰술
간장 3큰술
고추장 1큰술
된장 1큰술
다진 마늘 1큰술
다진 생강 1작은술
미림 1큰술
설탕 ½큰술

How to

1 칼등으로 갈치의 비늘을 긁어낸다. 갈치의 지느러미도 가위로 잘라낸다.
2 손질한 갈치를 쌀뜨물에 20분 이상 담가 비린내를 제거한다.
3 분량의 양념장 재료를 고루 섞어 양념장을 만든다.
4 무는 3×3×1.5cm 크기로, 대파는 5cm 길이로 썬다. 양파는 채 썰고, 청양고추는 송송 썬다.
5 냄비에 무를 깔고 무가 잠길 정도로만 다시마 육수를 부어 강불에서 약 7분간 끓인다.
6 무가 어느 정도 익으면, 무 위에 양념장 ½ 분량을 고루 바르고, 갈치와 양파를 올린다.
7 나머지 양념장을 바르고 다시마 육수를 더 부은 뒤, 끓어오르면 약불로 줄여 15분간 졸인다.
8 대파와 청양고추를 올려 마무리한다.

COOKAT TIP 중간중간 갈치 위에 국물을 끼얹으며 양념이 고루 배도록 해주세요.

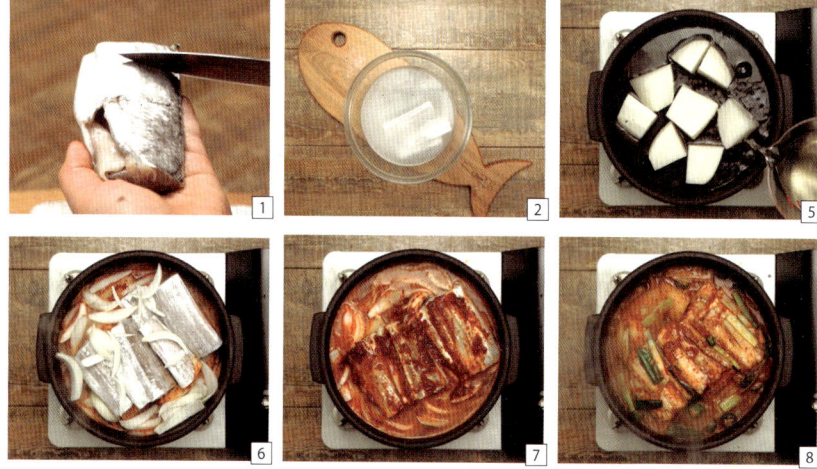

일품 요리

꽃게와 각종 해산물이 빚어내는 시원한 국물이 일품

꽃게탕

2인분
50분
중급

재료

꽃게 2마리
다시마 육수 4컵
대하 2마리
모시조개 7개
동죽 7개
무 ⅙개
애호박 ¼개
청양고추 1개
대파 ½개(20cm)

다시마 육수
물 4½컵
다시마(8×6cm) 1장

양념
된장 3큰술
다진 마늘 1큰술
고춧가루 1큰술
고추장 1큰술

How to

1. 찬물에 다시마를 넣고 중불에서 10~15분간 끓여 다시마 육수를 만든다.
2. 대하는 껍질을 벗겨 등에 칼집을 내 내장을 빼고, 모시조개와 동죽은 소금물에 해감한다.
   COOKAT TIP 뚜껑 있는 통에 소금물(물 2½컵당 소금 1큰술)을 넣고 조개를 담근 뒤 뚜껑을 덮어 어두운 곳에서 3시간 이상 혹은 반나절 정도 해감하세요. 모시조개와 동죽은 각각 따로 해감합니다.
3. 무, 애호박은 1cm 두께로 반달 썰고, 청양고추는 송송 썰고, 대파는 어슷 썬다.
4. 꽃게는 솔로 깨끗이 문질러 씻은 뒤 배에 붙어 있는 배딱지를 제거하고, 몸통과 등딱지를 분리한다. 아가미와 모래집을 잘라낸 후 가위로 몸통을 4등분한다.
5. 냄비에 다시마 육수를 붓고 분량의 양념 재료를 넣어 잘 푼 다음 무를 넣고 강불에서 끓인다.
6. 무가 반쯤 익으면 꽃게, 모시조개, 동죽, 새우를 넣는다.
7. 꽃게의 색이 붉게 변하면 애호박, 청양고추, 대파를 넣고 애호박이 익을 때까지 3분 이상 끓여 완성한다.

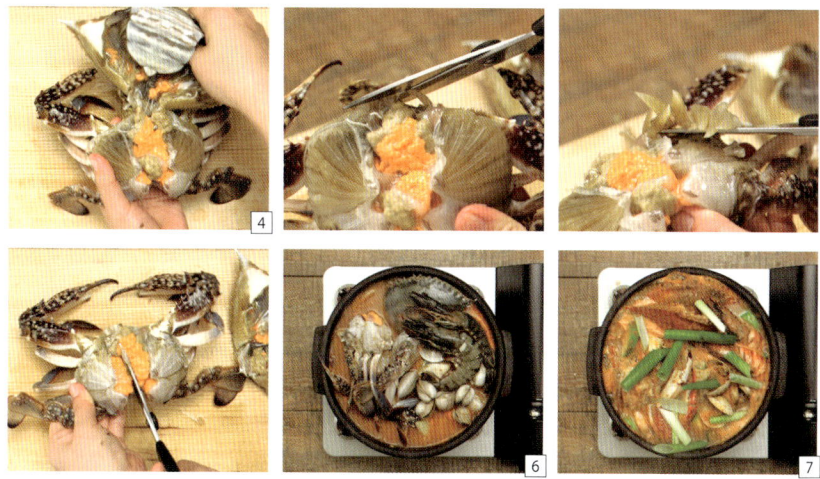

일품 요리

만두, 두부, 참치캔을 넣고 자박자박하게 끓인 밥도둑 요리

만두부짜글이

1인분
30분 이하
중급

재료

냉동만두 10개
두부 ½모
물 2컵
대파 ½대(20cm)

양념장

참치캔(150g) 1개
고춧가루 3큰술
간장 2큰술
다진 마늘 1큰술
설탕 ½큰술
참기름 ½큰술
새우젓 ½큰술

How to

1 두부는 편 썰고, 대파는 어슷 썬다. 참치는 체에 밭쳐 기름을 뺀다.
2 분량의 양념장 재료를 볼에 넣고 고루 섞은 후 기름 뺀 참치를 넣고 섞는다.
3 전자레인지에서 냉동만두를 해동한다.
   COOKAT TIP 냉동된 만두를 해동하지 않고 넣을 경우, 만두가 터지기 쉬워요.
4 양념장의 ½을 냄비 바닥에 깔고, 두부를 올린다.
5 나머지 양념장 ½을 올린 후, 물을 넣고 3~4분간 끓인다.
6 해동한 만두를 넣고 4분간 끓인 후 대파를 올려 마무리한다.

재료를 듬뿍 올리고, 시판용 사골 육수를 부으면 끝
햄폭탄부대찌개

2인분
50분
초급

재료

다진 소고기 300g
스팸(340g) ½캔
햄 1개(250g)
시판용 사골 육수 2컵
양파 ½개
김치 ½컵
베이크드빈(400g) ½캔
대파 1대(40cm)
고추 1개
체더 슬라이스 치즈 1장

양념장

고추장 2큰술
고춧가루 2큰술
다진 마늘 1큰술
국간장 1큰술
미림 1큰술
후춧가루 약간

How to

1. 양파는 손톱만 한 크기로 네모 썰고, 김치는 1cm 두께로 채 썬다. 대파와 고추는 송송 썬다.
2. 스팸과 햄은 0.5cm 두께로 슬라이스한다.
3. 분량의 양념장 재료를 한데 섞어 양념장을 만든다
4. 전골냄비에 양파, 김치, 베이크드빈, 고추를 넣고, 그 위에 양념을 올린 뒤 소고기, 스팸, 햄을 가지런히 얹는다.
5. 사골 육수를 붓고 강불에 올려 끓어오르면 중불에서 6~7분간 더 끓인다.
6. 체더 슬라이스 치즈를 올리고 대파를 넣어 치즈가 살짝 녹으면 마무리한다.

고춧가루를 넣어 칼칼하게 끓인 경상도식 국물 요리
소고기국밥

1인분
1시간 30분
중급

재료

소고기 양지머리(또는 사태) 250g
물 6컵
쪽마늘 3개
통후추 10알
무 ⅛개(120g)
대파(40cm) 3대
콩나물 1줌(70g)

양념장

고춧가루 3큰술
간장 2큰술
참기름 2큰술
다진 마늘 1큰술
소금 ½큰술

How to

1. 소고기는 찬물에 30분~1시간 정도 담가 핏물을 제거한다.
2. 대파는 3등분해 흰색 뿌리 부분은 그대로 두고, 중간 부분(7cm 정도)은 송송 썰고, 초록색 잎 부분은 5cm 길이로 썬다.
3. 무는 3x3x0.5cm 크기로 나박썰기 한다.
4. 끓는 물에 소고기, 쪽마늘, 통후추, 대파(흰 부분)를 넣고 1시간 이상 중불로 끓인 다음 고기는 건지고 육수는 체에 거른다.
5. 익힌 소고기는 먹기 좋은 크기로 자른다.
6. 냄비에 분량의 양념장 재료를 넣는다.
7. ⑥에 소고기, 무, 대파(푸른 잎 부분)를 넣고 중불에서 2~3분간 양념장과 고루 섞이도록 볶다가 육수를 붓고 강불에서 5~6분간 끓인다.
8. 무가 익으면 콩나물, 소금, 송송 썬 대파를 넣고 3분간 더 끓여 완성한다.

일품 요리

버섯과 채소를 고기로 말아 찐 후 된장 소스와 함께

차돌박이찜

1인분
40분
초급

재료

소고기 차돌박이 4장(80g)
깻잎 4장(4g)
팽이버섯 100g
느타리버섯 80g
숙주 ½줌(25g)

된장 소스

들깨가루 2큰술
물 2큰술
된장 1½큰술
마요네즈 1½큰술
식초 1큰술
꿀 1큰술
다진 마늘 ½큰술
고춧가루 ½큰술
청양고추 1개

How to

1 팽이버섯은 뿌리를 제거해 4등분으로 찢고, 청양고추는 씨를 제거한 후 잘게 다진다.
2 볼에 분량의 소스 재료를 고루 섞어 된장 소스를 만든다.
3 도마 위에 차돌박이를 펼쳐놓고 그 위에 깻잎, 팽이버섯, 느타리버섯을 올린 후 돌돌 만다(4개 만들기).
4 찜기에 면포를 올리고 숙주를 깐 다음 ③을 올려 5분간 찐다.
5 차돌박이찜에 된장 소스를 곁들여 먹는다.

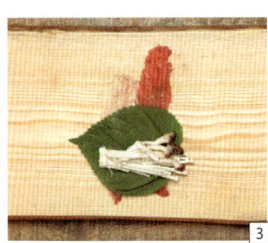

찌개보다 자작하게! 신김치와 삼겹살을 돌돌 말아 푹 끓인

김치삼겹살꽃찜

2인분
40분
초급

재료

삼겹살 6줄(300g)
신김치 6줄(240g)
양파 ¾개(180g)
청양고추 1개
물 ½컵
김치 국물 ½컵

양념장
된장 1큰술
고춧가루 1큰술
국간장 1큰술
설탕 ½큰술
새우젓 ½큰술

How to

1. 청양고추는 송송 썰고 양파는 채 썬다.
2. 도마에 김치를 펴놓고 삼겹살 1줄을 올린 후 탄탄하게 돌돌 만다(6개 만들기).
3. 분량의 양념장 재료를 한데 섞어 양념장을 만든다.
4. 냄비에 채 썬 양파를 깔고, ②의 김치말이를 세워 올린 다음, 양념장을 물 ½컵에 풀어 김치 국물과 함께 붓고 강불에서 끓인다.
5. 국물이 끓어오르면 뚜껑을 덮고 중약불에서 20분간 졸인 다음 청양고추를 올려 마무리한다.

일품 요리

찹쌀가루를 넣어 한 번 더 쪄낸 정성 만점 보양식
백설기소갈비찜

2인분
3시간
상급

재료

소갈비 1kg
물 3컵
감자 1개
표고버섯 3개(60g)
당근 ½개
대파 ½대(20cm)
찹쌀가루 1½컵
은행 4알
대추 3개

양념장

간장 ½컵
맛술 3큰술
양파 약간(30g)
다진 마늘 2큰술
설탕 2큰술
생강즙 1큰술
물엿 1큰술
건고추 1개
후춧가루 약간

How to

1   소갈비는 찬물에 2~3시간 담가 핏물을 뺀 후, 끓는 물에 10분간 데쳐 불순물을 제거한다.
2   데친 소갈비를 흐르는 찬물에 재빨리 씻은 뒤 물기를 빼고 칼집을 낸다.
3   감자는 껍질을 벗겨 4등분하고, 당근은 3×3×3cm 크기로 깍둑 썬다.
4   대파는 5cm 길이로 썰고, 양파는 잘게 다진다.
5   볼에 분량의 양념장 재료를 넣어 양념장을 만든다.
6   냄비에 삶은 갈비, 물 3컵, 양념장의 ½을 넣고 중약불에서 50분간 끓인다.
7   갈비가 익으면 감자, 당근, 남은 양념장을 넣는다.
8   표고버섯과 대파를 넣은 뒤 고기에 양념장이 잘 배도록 약불에서 20분간 더 끓인다.
9   찜기에 면포를 편 다음, 찹쌀가루 1컵을 바닥에 깔고 완성된 소갈비를 담는다.
10 ⑨의 위에 나머지 찹쌀가루 ½컵을 고루 뿌리고, 은행과 대추를 고명으로 올린 다음 15분간 중약불에서 찐다.

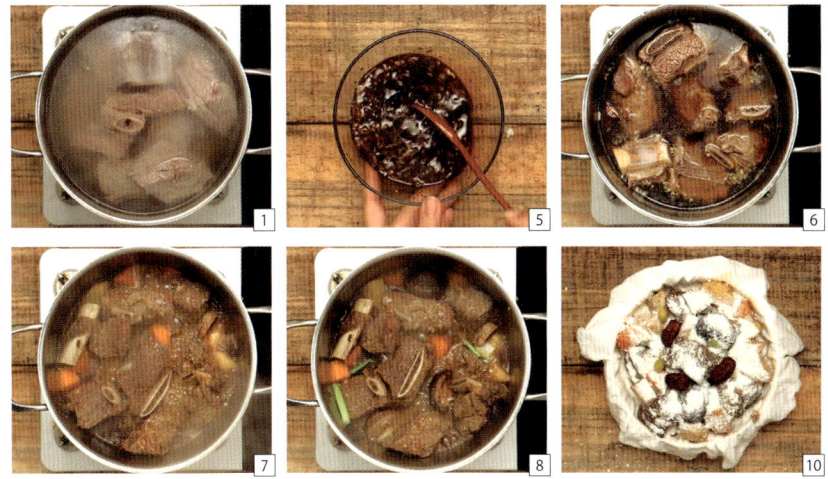

일품 요리

단호박 속에 돼지갈비와 모차렐라 치즈를 넣고 구운 요리
치즈단호박갈비찜

2인분
1시간 30분
중급

재료

돼지갈비 400g
단호박(1kg) 1개
떡볶이떡(6cm) 7개
청양고추 1개
양파 ½개
모차렐라 치즈 1컵

양념장

홍고추 2개
다진 마늘 7큰술
고춧가루 6큰술
간장 4큰술
물엿 3큰술
청주 3큰술
맛술 2큰술
대파(8m) 1개
굴 소스 1큰술
설탕 1큰술
생강 약간(4g)
후춧가루 약간

How to

1. 홍고추와 청양고추는 어슷 썰고, 양파는 한입 크기로 나박 썬다. 대파와 생강은 잘게 다진다.
2. 분량의 양념장 재료를 고루 섞어 양념장을 만든다.
3. 돼지갈비는 끓는 물에 약 25분간 삶아 흐르는 찬물에 재빨리 헹구고 물기를 뺀다.
4. 볼에 삶은 돼지갈비, 양념장, 떡, 양파, 청양고추를 넣고 고루 버무린 다음 10분간 재운다.
5. 단호박은 깨끗이 씻어 전자레인지에 8분을 돌려 익힌다.
   COOKAT TIP 비닐봉지에 넣어 전자레인지에 돌리면 훨씬 빠르고 고르게 익어요.
6. 단호박의 윗부분을 편평하게 자르고 씨와 속을 숟가락으로 깨끗하게 파낸다.
7. 모차렐라 치즈 ½컵을 단호박 안쪽 바닥에 깔고, ④를 차곡차곡 담는다.
8. 남은 모차렐라 치즈 ½컵을 올리고, 170℃로 예열한 오븐에서 약 35분간 굽는다.
9. 완성된 단호박을 칼이나 가위로 조각낸다.

일품 요리

해물 손질만 잘해도 반 이상은 성공! 바다의 맛으로 승부하는
해물찜

2인분
1시간 30분
상급

재료

꽃게 2마리
주꾸미 2마리
새우 4마리
가리비 4개
소라 4개
전복 1개
조개(바지락 또는 모시조개) 8개
미더덕(또는 오만둥) 5개
콩나물 2줌(120g)
미나리 1줌(60g)
물 ½컵
대파 ½대(20cm)

양념장

고춧가루 4큰술
간장 3½큰술
미림 1큰술
다진 마늘 1½큰술
설탕 ½큰술

전분문

전분 1큰술
물 2큰술

마무리

전분물 2큰술(전분 1큰술. 물 2큰술)
참기름 1큰술
깨 약간

How to

1 분량의 양념장 재료를 섞어 양념장을 만든 다음 냉장고에서 6시간 이상 숙성시킨다.
2 꽃게는 솔로 깨끗이 문질러 씻은 뒤 배에 붙어 있는 배딱지를 제거하고, 몸통과 등딱지를 분리한다. 아가미와 모래집을 잘라낸 후 가위로 몸통을 4등분한다.
3 주꾸미는 머리를 가위로 세로로 잘라 안에 있는 내장을 제거하고 주꾸미 이빨과 눈알을 뺀 뒤 밀가루를 뿌려 반죽하듯 바락바락 주물러 불순물을 제거한다. 조개는 소금물에서 해감한다.

> **COOKAT TIP 해감하는 법**
> 뚜껑 있는 통에 소금물(물 2½컵당 소금 1큰술)을 넣고 조개를 담근 뒤 뚜껑을 덮어 어두운 곳에서 3시간 이상 혹은 반나절 정도 해감하세요.

4 새우는 등 2~3번째 마디 사이에 이쑤시개를 찔러 내장을 빼고, 가위를 이용해 뾰족한 수염, 뿔, 꼬리의 물총 부분을 제거한다. 가리비, 소라, 전복은 솔로 깨끗이 씻는다. 전복은 가위로 이빨을 제거한다.
5 콩나물은 꼬리를 떼서 손질하고, 대파는 7cm 길이로, 미나리는 10cm 길이로 썬다.
6 분량의 재료를 섞어 전분물과 양념장을 각각 만든다.
7 움푹 파인 큰 팬에 크기가 큰 순서대로 해물을 배치하고, 위에 콩나물을 수북하게 얹은 뒤, 물 ½컵을 넣고 뚜껑을 닫아 강불에서 10분 이상 끓인다.
8 콩나물이 어느 정도 익으면 대파, 미나리, 양념장을 올리고 강불에서 재빨리 버무리듯 볶는다.
9 중불로 줄인 후 전분물을 조금씩 넣어가며 걸쭉한 농도를 맞춘다.
10 참기름과 깨를 넣어 마무리한다.

평범한 제육볶음을 비범한 요리로 만드는 마늘 소스의 힘
마늘제육볶음

2인분
50분
중급

재료

돼지고기 대패 목살 400g
양파 ½개
대파 ½대(20cm)
식용유 약간

고기 양념

간장 3큰술
고추장 2큰술
설탕 2큰술
미림 1큰술
참기름 1큰술
후춧가루 약간

마늘 소스

다진 마늘 4큰술
고추기름 1큰술
설탕 ½큰술
소금 약간
후춧가루 약간

마무리

대파 ½대(20cm)
깨 약간

How to

1 팬에 고추기름을 두르고 나머지 마늘 소스 재료를 한데 넣어 약불에서 5분간 볶는다.
   COOKAT TIP 불이 너무 강하면 마늘이 쉽게 탈 수 있으니 꼭 약불에서 볶아요. 마늘의 알싸한 향이 날아갈 정도만 볶으면 됩니다.
2 돼지고기는 먹기 좋은 크기로 자르고, 양파는 채 썰고, 대파는 송송 썬다.
3 볼에 분량의 고기 양념 재료를 고루 섞은 다음 돼지고기를 넣고 버무려 30분간 재운다.
4 중불로 달군 팬에 식용유를 두르고 양념한 돼지고기를 볶는다.
5 고기가 어느 정도 익으면 양파와 대파를 넣고 양파가 익을 때까지 볶는다.
6 완성한 제육볶음을 접시에 담고, 그 위에 마늘 소스, 대파, 깨를 뿌려 마무리한다.

일품 요리

305

오징어, 수육, 무채를 무쳐 향긋한 미나리와 곁들여 먹는
오징어보쌈

2인분
1시간
중급

재료

통삼겹살 500g
오징어 1마리
쪽마늘 7개
생강 ½개
대파 ½대(뿌리 부분, 20cm)
통후추 15알
무(8×3×2cm) 1도막(50g)

양념장

고추장 2큰술
다진 마늘 2큰술
간장 2큰술
물 2큰술
설탕 2큰술
미림 1큰술
고춧가루 1큰술
청양고추 1개
후춧가루 약간

마무리

미나리 1줌

How to

1. 청양고추는 반을 갈라 씨를 발라내고 다진 후, 분량의 양념장 재료를 섞어 양념장을 만든다.
2. 무는 8cm 길이로 채 썰고, 미나리도 무와 같은 길이로 썬다.
3. 오징어는 몸통과 다리를 분리해 내장을 제거하고 소금으로 다리를 문질러 빨판 속 이물질을 제거한 후 깨끗이 씻는다.
4. 손질한 오징어를 끓는 물에 1분~1분 30초 정도 데친 후 찬물에 재빨리 헹군다.
5. 오징어 데친 물에 마늘, 생강, 대파, 통후추, 돼지고기를 넣고 뚜껑을 닫은 후 중불에서 40분간 삶는다.
6. 데친 오징어의 몸통은 1cm 두께로 동그랗게 썰고 다리는 5cm 길이로 썬다.
7. 수육은 식힌 후 1cm 두께로 썬다.
8. 볼에 오징어, 수육, 무채를 넣고 양념장으로 버무린 후, 미나리를 곁들여 완성한다.

└─ **COOKAT TIP** 콩나물무침을 곁들이면 좀 더 식감 있게 즐길 수 있어요.

일품 요리

8

밥 먹고 디저트

멀리
가지 말고,
집에서
도전해보자!

디저트

녹차크레이프케이크
오레오치즈케이크
떠먹는 고구마케이크
당근케이크
딸기크림치즈케이크
딸기티라미수
딸기브라우니
누텔라머핀
그린티홉슈크림
홈메이드초코바
오레오&누텔라추로스
오레오아이스박스케이크
오레오아이스샌드
파베초콜릿
홈메이드 마시멜로
말차모찌
초코모찌
녹차인절미
당고
버터링쿠키

겹겹이 쌓아올린 크레이프와 생크림의 부드러운 콜라보
녹차크레이프케이크

2인분
1시간
중급

재료

크레이프 반죽
크레이프 믹스 400g
녹차가루 15g
달걀 4개
물 3컵
식용유 30ml

크림
생크림 300ml
설탕 1½큰술
녹차가루 3g
녹차가루 약간(장식용)
오레가노 약간(장식용)

How to

1. 생크림에 녹차가루, 설탕을 넣고 80%까지 휘핑한다. 핸드믹서를 들어 올렸을 때 뿔 모양으로 올라오진 않으나 자국이 남을 정도의 상태가 될 때까지 휘핑하면 된다.
2. 크레이프 믹스에 녹차가루, 달걀, 물을 넣고 가루가 잘 섞이도록 젓다가 식용유를 넣고 섞는다.
3. 약불로 달군 코팅팬에 크레이프 반죽을 1국자씩 넣고 얇게 둘러 굽는다(총 30장 굽기).
   COOKAT TIP 구운 크레이프를 겹쳐놓으면 식는 데 오래 걸리고 눅눅해져요. 따로 놓고 식히세요.
4. 크레이프가 어느 정도 식으면 크레이프 → 생크림 순으로 얇게 펴 바르며 반복해서 쌓는다.
5. 30장을 다 쌓은 후 크레이프 케이크의 옆면을 돌려가며 남은 생크림을 바른다.
6. 완성된 크레이프케이크 위에 녹차가루를 뿌리고, 오레가노를 올려 완성한다.

디저트

오레오 쿠키와 크림치즈로 만드는 노오븐 케이크
오레오치즈케이크

2인분
2시간 40분
중급

재료

오레오 쿠키 320g
(케이크 바닥용 120g,
치즈무스용 100g,
데코용 100g)
생크림 250ml
크림치즈 150g
백설탕 70g

도구

원형 무스링 1호

How to

1. 크림치즈는 말랑해지도록 상온에 미리 꺼내둔다.
2. 오레오 쿠키와 크림을 분리한 후, 푸드 프로세서에 갈아 오레오 가루를 만든다.
   COOKAT TIP 비닐봉지에 넣고 방망이로 두드려 곱게 부숴도 좋아요.
3. 오레오 가루(120g)에 생크림(50ml)을 넣고 잘 섞어 반죽을 만든다.
4. 원형 무스링을 평평한 그릇 위에 올리고 ③의 반죽을 꾹꾹 눌러 펴서 냉장실에서 30분 이상 굳힌다.
5. 볼에 생크림(200ml)과 백설탕(40g)을 넣고 뿔 모양으로 올라올 때까지 핸드믹서로 휘핑한다.
   COOKAT TIP 생크림을 휘핑할 때는 크림 온도가 3~5℃로 유지되도록 볼 밑에 반드시 얼음물을 놓아야 해요. 온도가 높으면 크림 상태가 나빠지고 휘핑이 잘 되지 않아요. 생크림을 사용하지 않는 동안에도 냉장고에 넣어 차게 유지해주세요.
6. 볼에 크림치즈(150g)와 설탕(30g)을 넣고 핸드믹서로 잘 섞은 후, ⑤를 2~3번으로 나누어 넣고 고루 섞다가 오레오 가루(100g)를 넣는다.
7. 냉장실에 굳혀 둔 ④의 쿠키시트에 ⑥의 치즈무스를 올리고 고무주걱으로 윗면을 정리한다.
8. 위에 남은 데코용 오레오 가루(100g)를 올리고 냉장실에 2시간 정도 굳혀 완성한다.
9. 색감 있는 재료를 활용해 데코레이션 한다.

디저트

고구마 필링에 생크림을 얹어 촉촉함이 한가득
떠먹는 고구마케이크

2인분
1시간
중급

재료

케이크시트(카스텔라) 145g

고구마 필링

고구마 4개(600g)
버터 20g
꿀 20g
생크림 250ml
설탕 43g

장식용

고구마칩 적당량
말린 고구마 적당량
민트 약간

도구

사각용기(20x20cm)

How to

1 끓는 물에 찜기를 올리고 고구마를 넣어 강불에서 20~30분간 찐 다음 껍질을 벗겨 으깬다.
   └ COOKAT TIP 뜨거울 때 으깨야 곱게 잘 으깨져요.
2 1.5cm 두께로 자른 케이크시트를 사각용기에 맞춰 자른다.
   └ COOKAT TIP 케이크시트가 없다면 시중에 파는 카스텔라를 사용하세요.
3 남은 케이크시트 조각은 체에 곱게 내린다.
4 생크림에 설탕을 넣고 70% 정도로 휘핑한다. 핸드믹서를 들어 올렸을 때 뿔 모양으로 올라오진 않으나 자국이 남을 정도의 상태가 되도록 휘핑하면 된다.
5 ④의 상태로 휘핑한 생크림의 ⅓ 정도를 다른 볼에 덜어내고, 나머지 휘핑한 생크림은 100% 휘핑한다.
6 버터는 전자레인지에 1분 10초간 돌려 녹인다.
7 큰 볼에 으깬 고구마, 녹인 버터, 꿀을 넣고 섞은 후, 70% 정도 휘핑한 생크림을 넣고 섞어 고구마 필링을 만든다.
   └ COOKAT TIP 고구마와 생크림을 섞기 전에 고구마가 완전히 식었는지 확인하세요.
8 ②의 위에 고구마 필링을 올리고, 100% 휘핑한 생크림을 짤주머니에 담아 사선으로 짜서 덮는다.
9 ⑧의 위에 체에 곱게 내린 시트지 가루를 체 쳐 올린다.
10 원하는 모양으로 생크림을 짠 다음, 고구마칩, 말린 고구마, 민트를 올려 장식한다.

디저트

크림치즈 프로스팅으로 더욱 고소하게 즐기는
당근케이크

2인분
1시간 30분
중급

재료

시트지
당근 1개(330g)
박력분 365g
황설탕 300g
카놀라유 300ml
견과류 84g(호두, 아몬드, 피칸 각 28g씩)
시나몬파우더 25g
베이킹파우더 10g
달걀 5개

크림치즈 프로스팅
크림치즈 800g
슈거파우더 160g
레몬즙 1작은술

장식용
견과류 2줌(55g)
설탕 2큰술
건크랜배리 1줌(20g)
로즈메리 약간
시나몬 파우더 약간
슈거파우더 약간

How to

1 크림치즈는 말랑해지도록 상온에 미리 꺼내둔다.
2 당근은 강판에 잘게 갈고, 시트용과 장식용 견과류 모두 잘게 다진다.
3 장식용 견과류 2줌에 설탕 2큰술을 넣어 버무린다.
4 볼에 분량의 달걀, 설탕, 오일을 넣고 거품기로 잘 섞는다.
5 ④에 분량의 박력분, 베이킹파우더, 시나몬파우더를 체 쳐 넣고, 고무주걱으로 잘 섞은 뒤 당근과 시트용 견과류를 넣고 잘 섞는다.
6 넓고 얕은 사각팬 2개에 반죽을 나눠 담은 뒤 180℃로 예열한 오븐에서 30분간 구운 다음 식힘망에 올려 완전히 식힌다.
7 크림치즈는 고무주걱으로 섞어 부드럽게 만든 다음 슈거파우더, 레몬즙을 넣고 고루 섞는다.
8 구운 케이크시트 1장 위에 ½ 분량의 크림치즈 프로스팅→케이크시트 1장→나머지 ½ 분량의 크림치즈 프로스팅을 고루 바른 뒤 냉장실에서 20분간 굳힌다.
9 설탕에 버무린 견과류 2줌, 건크랜배리 1줌, 로즈메리를 올린 뒤 시나몬파우더, 슈거파우더를 체로 쳐 뿌리고 마무리한다.

디저트

홈메이드 딸기크림 필링으로 간단하게 완성하는
딸기크림치즈케이크

2인분
2시간 20분
중급

재료

크림치즈 200g
생크림 120ml
딸기잼 100g
오레오 쿠키 100g
버터 50g
백설탕 20g

마무리

딸기 4개
애플민트 4장
슈거파우더 적당량

도구

지름 13cm, 높이 6cm의
원형 용기

How to

1. 크림치즈는 말랑해지도록 상온에 미리 꺼내둔다.
2. 오레오의 쿠키와 크림을 분리해서 쿠키 부분만 푸드 프로세서에 간 다음, 전자레인지에 1분 20초를 돌려 녹인 버터와 함께 섞는다.
   > **COOKAT TIP** 비닐봉지에 넣고 방망이로 두드려 곱게 부숴도 좋아요.
3. 전자레인지용 그릇 바닥에 ②를 깔고 랩을 씌운 후 포크로 3~4차례 구멍을 내서 전자레인지에 2분간 돌린다.
4. 볼에 생크림과 백설탕을 넣고 뿔 모양으로 올라올 때까지 핸드믹서로 휘핑한다
   > **COOKAT TIP** 생크림을 휘핑할 때는 크림 온도가 3~5℃로 유지되도록 볼 밑에 반드시 얼음물을 놓아야 해요. 온도가 높으면 크림 상태가 나빠지고 휘핑이 잘 되지 않아요. 생크림을 사용하지 않는 동안에도 냉장고에 넣어 차게 유지해주세요.
5. 부드러워진 크림치즈에 ④의 생크림과 딸기잼을 넣고 고무주걱으로 고루 섞어 딸기크림 필링을 만든다.
6. ③에 딸기크림 필링을 넣고 윗면을 평평하게 정리한 후, 냉동실에 2시간 이상 굳힌다.
7. 딸기는 흐르는 물에 깨끗이 씻어 꼭지를 떼고 예쁘게 슬라이스한다.
8. 굳힌 케이크를 꺼내 접시에 담은 뒤 딸기를 올리고, 슈거파우더를 체에 쳐 뿌린 뒤 애플민트로 장식한다.
   > **COOKAT TIP** 냉장고에서 꺼내서 10분 동안 상온에 뒀다 먹으면 더 맛있어요!

디저트

부드러운 마스카포네 치즈크림과 상큼한 딸기가 듬뿍
딸기티라미수

2인분
50분
중급

재료

딸기 8개
케이크시트(카스텔라) 120g

필링

마스카포네 치즈 200g
생크림 150ml
달걀 2개
설탕 3큰술

라즈베리 콤포트

냉동 라즈베리 40g
설탕 15g
물 2큰술

마무리

슈거파우더 약간
애플민트 약간

도구

지름 15cm 원형 용기

How to

1. 볼에 달걀노른자와 설탕을 넣고 따뜻한 물 위에서 중탕하며 거품기로 저어 설탕을 녹이고 걸쭉한 농도로 만든다.
   - **COOKAT TIP** 물이 너무 뜨거우면 달걀노른자가 익을 수 있으니 주의하세요.
2. ①에 마스카포네 치즈를 넣어 핸드믹서로 섞는다.
3. 다른 볼에 생크림을 80% 정도 휘핑한다. 핸드믹서를 들어 올렸을 때 뿔 모양으로 올라오진 않으나 자국이 남을 정도의 상태가 되도록 휘핑한 뒤 50g은 따로 덜어두고, 나머지는 ②와 고르게 섞는다.
4. 냄비에 설탕, 라즈베리, 물을 넣고 약불에서 저어가며 뭉근히 끓여 라즈베리 콤포트를 만든다.
   - **COOKAT TIP** 라즈베리를 구하기 어렵다면 냉동 딸기를 사용해도 좋아요.
5. 1.5cm 두께로 자른 케이크시트를 틀 크기에 맞게 자른 뒤 바닥에 깔고 라즈베리 콤포트를 붓으로 고루 바른다.
   - **COOKAT TIP** 케이크시트 대신 카스텔라를 사용해도 좋아요.
6. 딸기는 흐르는 물에 깨끗이 씻어 꼭지를 따고 반으로 잘라, 자른 단면이 그릇에 닿게 붙인다.
7. ⑤에 마스카포네 필링을 넣고 윗면을 잘 다듬은 후 덜어낸 생크림(50g)을 얹는다.
8. 딸기티라미수 위에 슈거파우더를 체에 쳐서 고루 뿌리고 딸기, 애플민트로 장식한다.

브라우니 위에 딸기, 그 위에 초콜릿을 부어 20분만 기다리면
딸기브라우니

2인분
1시간
초급

재료

브라우니 믹스 400g
다크 초콜릿 230g
식용유 150ml
딸기 13개
달걀 3개

도구

31x20x4cm 크기의
사각용기

How to

1 오븐은 180℃로 예열한다.
2 브라우니 믹스 가루에 달걀, 식용유를 넣고 거품기로 고루 섞어 반죽을 만든다.
3 사각 오븐틀에 유산지를 깔고 반죽을 넣은 다음 오븐에 15~20분 굽는다.
   COOKAT TIP 젓가락이나 이쑤시개로 찔러 묻어나는 반죽이 없으면 완성된 거예요.
4 딸기는 흐르는 물에 깨끗이 씻어 꼭지를 따고 반으로 자른다.
5 다크 초콜릿을 따뜻한 물에 중탕해 녹인다.
   COOKAT TIP 초콜릿을 전자레인지에 녹이면 분리될 수 있으니 꼭 중탕하세요.
6 브라우니 위에 딸기를 올리고 녹인 초콜릿을 부은 뒤 냉장고에서 20분 이상 굳힌다.
7 적당히 굳은 브라우니를 냉장고에서 꺼내 먹기 좋은 크기로 잘라 완성한다.

디저트

악마의 잼, 누텔라를 넣고 구운 찐득한 초코머핀
누텔라머핀

2인분
40분
초급

재료

박력분 270g
버터 150g
설탕 150g
달걀 110g(2~3개)
코코아파우더 40g
베이킹파우더 12g
우유 120ml

마무리

누텔라 각각 6큰술
초콜릿칩 각각 30g

How to

1. 오븐은 180℃로 예열한다.
2. 달걀을 깨서 잘 저은 후 달걀물 100g의 중량에 맞춰둔다.
3. 버터는 2~3시간 전에 냉장고에서 꺼내놓고, 부드러워지면 물기가 없는 볼에 넣고 핸드믹서나 거품기로 섞어 부드럽게 만든다.
4. ③에 설탕을 3번에 나누어 넣어가며 핸드믹서나 거품기로 부드럽게 만든다.

   COOKAT TIP 핸드믹서를 사용할 때 처음에는 중속으로 부드럽게 풀어준 다음 고속으로 2~3분 정도 돌려요.

5. 설탕이 녹으면 달걀물을 5번에 나누어 조금씩 넣어가며 휘핑한다.
6. 박력분, 코코아가루, 베이킹파우더를 체 쳐 넣은 뒤 고무주걱을 세워 고루 섞는다.
7. ⑥에 우유를 넣고 뭉치지 않도록 거품기로 고루 섞는다.
8. 초코 반죽을 짤주머니에 담아 머핀틀의 ½까지 짜넣고 누텔라 1큰술을 넣은 뒤 틀의 90%까지 반죽을 채운다.
9. 초콜릿칩을 뿌리고 예열된 오븐에서 약 25분간 굽는다.

디저트

겉은 바삭, 속은 달콤 쌉싸름! 입안이 행복한
그린티홉슈크림

2인분
2시간 30분
상급

재료

녹차크림
우유 250ml
설탕 50g
녹차가루 15g
버터 15g
전분 10g
달걀노른자 2개
바닐라 익스트랙 1작은술

휘핑크림
생크림 80ml
설탕 20g

쿠키 반죽
박력분 50g
설탕 50g
버터 40g
바닐라 익스트랙 1작은술

슈 반죽
물 90ml
박력분 50g
버터 40g
소금 1작은술
달걀 2개

How to

녹차크림 만들기

1. 냄비에 달걀노른자와 설탕을 넣고 잘 섞은 후, 우유를 넣어 거품기로 계속 저어가면서 중불에서 끓인다.
   - **COOKAT TIP** 불이 너무 강하면 바닥에 눌어붙어 타기 쉽고, 계속 젓지 않으면 달걀노른자가 뭉칠 수 있어요.
2. 약불로 줄여 전분과 녹차가루를 넣고 거품기로 뭉치지 않도록 재빨리 저어가며 끓이다 걸쭉해지면 불을 끄고 버터와 바닐라 익스트랙을 넣고 빠르게 젓는다.
3. 끓이면서 생긴 멍울은 체에 거르고, 넓은 용기에 담아 커스터드와 맞닿도록 랩을 올려 냉장실에서 30분 이상 식힌다.
   - **COOKAT TIP** 커스터드와 랩 사이에 공간이 있으면 커스터드 표면에 막이 생기고 수증기가 맺혀 분리될 수 있어요. 랩과 커스터드를 꼭 밀착해 급랭시켜요.
4. 볼에 생크림(80ml)과 백설탕(20g)을 넣고 뿔 모양으로 올라올 때까지 핸드믹서로 휘핑한다
   - **COOKAT TIP** 생크림을 휘핑할 때는 크림 온도가 3~5℃로 유지되도록 볼 밑에 반드시 얼음물을 놓아야 해요. 온도가 높으면 크림 상태가 나빠지고 휘핑이 잘 되지 않아요. 생크림을 사용하지 않는 동안에도 냉장고에 넣어 차게 유지해주세요.
5. 충분히 식힌 커스터드와 생크림을 넣어 고루 섞는다.

쿠키 반죽 만들기

6. 버터는 부드러워지게 상온에 미리 꺼내둔다.
7. 버터를 고무주걱으로 풀어 부드럽게 만들고 설탕과 바닐라 익스트랙을 넣어 섞는다.
8. 박력분을 체에 쳐서 넣고 주걱으로 자르듯이 섞어 소보로 상태로 만든다.
9. 쿠키 반죽을 지퍼백에 넣어 손으로 반죽하고 밀대로 0.5cm 두께로 밀어 냉장실에서 1시간 동안 휴지시킨다.
10. 반죽을 꺼내 쿠키 커터로 원하는 모양을 내거나, 칼로 모양을 내 자른다.

디저트

슈 반죽 만들기

11 박력분은 미리 체에 쳐둔다.

12 냄비에 물, 버터, 소금을 넣어 끓이다가 버터가 완전히 녹으면 불을 끄고 체 친 박력분을 넣어 고무주걱으로 섞는다.

13 중불에서 바닥에 흰 막이 생기고 밀가루 풋내가 나지 않을 때까지 반죽을 볶은 다음 식힌다.
└ **COOKAT TIP** 계속 젓지 않으면 쉽게 눌어붙어 탈 수 있으니 쉬지 않고 계속해서 저어주세요.

14 반죽이 살짝 식으면 달걀 2개를 1개씩 나누어 넣고 섞어서 짤주머니에 담는다.
└ **COOKAT TIP** 뜨거운 상태에서 달걀을 넣으면 달걀이 익기 때문에 꼭 반죽이 60℃ 정도로 식으면 달걀과 섞어요. 달걀을 한꺼번에 넣으면 분리될 수 있으니 나누어 넣으세요.

굽기

15 오븐은 180℃로 예열한다.

16 4~5cm로 슈 반죽을 동일하게 짠 다음 그 위에 쿠키 반죽을 올리고 오븐에서 25분 동안 굽는다.

17 완전히 식으면 바닥에 구멍을 뚫고 녹차크림을 넣어 마무리한다.

디저트

329

오득오득 씹히는 견과류와 말캉한 캐러멜을 초콜릿으로 감싼
홈메이드초코바

2인분
1시간 20분
초급

재료

초콜릿 200g
아몬드 100g
호두 100g

캐러멜

설탕 200g
생크림 80g
물엿 80g
땅콩버터 40g

How to

1. 호두는 다져서 아몬드와 함께 180℃의 오븐에서 황금색이 날 때까지 6~7분 정도 구워 식힌다.
2. 냄비에 생크림을 넣어 중불로 살짝 끓이다가 설탕, 물엿, 땅콩버터 순으로 넣고 끓인다.
   COOKAT TIP 너무 강불에서 젓지 않고 조리할 경우 쉽게 탈 수 있으니 주의하세요.
3. ②가 걸쭉하게 변하면 불을 끈 뒤 아몬드와 호두를 넣어 섞는다.
   COOKAT TIP 땅콩, 피칸 등 취향에 따라 다른 견과류를 첨가해도 좋아요.
4. 유산지를 깐 사각틀에 ③을 붓고 가볍게 탁탁 쳐서 공기방울을 제거하고 윗면을 평평하게 만든 다음 1시간 동안 냉장실에서 굳혀 캐러멜을 만든다.
5. 완성한 캐러멜을 원하는 크기로 길게 자른다.
   COOKAT TIP 칼을 뜨거운 물에 30초 담갔다가 물기를 제거하고 자르면 깨끗하게 자를 수 있어요.
6. 초콜릿을 중탕하여 캐러멜에 고루 묻히고, 유산지를 깐 평평한 쟁반 위에 올려 냉장실에서 1시간 이상 굳힌 후 완성한다.

디저트

오레오 크림과 누텔라를 채워 넣은 홈메이드 추로스
오레오&누텔라추로스

1인분
40분
초급

재료

오레오 쿠키 1박스(100g)
누텔라 30g
설탕 100g
시나몬파우더 ½큰술
식용유 적당량(튀김용)

반죽

박력분 70g
무염버터 65g
우유 45ml
물 40ml
달걀 2개

How to

1   오레오의 쿠키와 크림을 분리한 후, 쿠키 부분만 푸드 프로세서에 간다.
    ㄴ **COOKAT TIP** 비닐봉지에 넣고 방망이로 두드려 곱게 부숴도 좋아요.
2   오레오 크림과 누텔라는 전자레인지에 10~20초 정도 녹인다.
3   박력분은 체에 쳐두고, 설탕과 시나몬파우더는 고루 섞는다.
4   큰 냄비에 우유, 물, 버터, 소금을 넣고, 중불에서 버터가 녹고 우유가 끓을 때까지 끓인 뒤 약불로 줄여 박력분을 넣고 반죽이 뭉치지 않도록 고무주걱으로 재빨리 섞어 덩어리로 만든다.
    ㄴ **COOKAT TIP** 반죽을 재빠르게 섞지 않으면 탈 수 있어요. 밀가루 냄새가 날아갈 수 있도록 계속해서 저어주세요.
5   볼에 반죽을 2개로 나눠 옮긴 뒤 한쪽에 오레오 가루를 넣어 고루 섞은 후, 달걀을 풀어 넣는다.
    ㄴ **COOKAT TIP** 반죽이 따뜻한 상태일 때 달걀을 넣으세요. 너무 뜨거울 때 넣으면 달걀이 익어버릴 수 있어요.
6   다른 볼에 달걀 1개를 풀어 넣고 고르게 섞는다.
7   각각의 반죽은 별 모양 깍지를 낀 짤주머니에 넣는다.
8   170℃의 온도로 예열한 기름에 ⑦을 각각 10cm 길이로 길게 짜서 약 10분간 튀긴다.
9   반죽이 황금색이 되면 꺼내 기름을 빼고 따뜻할 때 시나몬 슈거에 굴린다.
    ㄴ **COOKAT TIP** 너무 뜨겁거나 차가울 때 굴리면 시나몬 슈거가 잘 붙지 않아요.
9   추로스 가운데에 빨대를 넣어 구멍을 낸다.
10 녹인 오레오 크림과 누텔라를 짤주머니에 넣고 추로스 가운데 구멍에 짜넣는다.

디저트

오레오 쿠키 가루와 크림치즈 생크림을 차곡차곡 쌓으면 끝
오레오아이스박스케이크

2인분
40분
초급

재료

생크림 300ml
크림치즈 100g
오레오 쿠키 180g
백설탕 2큰술
슈거파우더 1큰술
오레오 쿠키 2개(장식용)

도구

사각용기

How to

1. 크림치즈는 말랑해지도록 상온에 미리 꺼내둔다.
2. 오레오의 쿠키와 크림을 분리한 후, 쿠키 부분만 푸드 프로세서에 간다.
   └ **COOKAT TIP** 비닐봉지에 넣고 방망이로 두드려 곱게 부숴도 좋아요.
3. 볼에 생크림과 백설탕을 넣고 뿔 모양으로 올라올 때까지 핸드믹서로 휘핑한 후 ¼ 정도를 따로 덜어낸다.
   └ **COOKAT TIP** 생크림을 휘핑할 때는 크림 온도가 3~5℃로 유지되도록 볼 밑에 반드시 얼음물을 놓아야 해요. 온도가 높으면 크림 상태가 나빠지고 휘핑이 잘 되지 않아요. 생크림을 사용하지 않는 동안에도 냉장고에 넣어 차게 유지합니다.
4. 완성된 생크림에 크림치즈를 넣고 핸드믹서를 중속으로 맞춰 고루 섞는다.
5. 사각용기의 바닥에 오레오 가루 ½을 깔고 ④의 크림치즈와 섞은 생크림을 도톰하게 올려 편다. 이 과정을 2~3번 반복한 후 맨 위에 따로 덜어놓았던 생크림을 올린다.
   └ **COOKAT TIP** 사각용기는 어떤 크기의 것을 사용해도 무방합니다.
6. 슈거파우더를 체에 쳐서 얇게 뿌린 뒤 오레오를 부숴 올려 마무리한다.

디저트

오레오 쿠키를 이용해 손쉽게 만드는 초간단 아이스크림
오레오아이스샌드

1인분
2시간 30분
초급

재료

우유맛 아이스크림 300g
오레오 쿠키 140g
무염 버터 50g

도구
원형 무스링 1호

How to

1. 오레오의 쿠키와 크림을 분리한 후, 쿠키 부분만 푸드 프로세서에 간다.
   COOKAT TIP 비닐봉지에 넣고 방망이로 두드려 곱게 부숴도 좋아요.

2. 버터는 전자레인지에 1분 20초 돌려 녹인 다음 ①의 오레오 가루 100g에 여러 번 나누어 넣어가며 섞고, 나머지 오레오 가루는 아이스크림과 섞는다.

3. 동그란 틀에 오레오+버터 ½을 평평하게 깔고, 그 위에 오레오+아이스크림을 올린 후, 남은 오레오+버터 ½을 올려 냉동실에서 2시간 정도 얼린다.
   COOKAT TIP 틀이 없다면, 냉동실용 그릇에 랩을 깔고 사용하세요.

4. 얼린 오레오샌드를 꺼내 원하는 크기로 잘라 완성한다.

1

3

한입에 쏙! 맛이 깊고 부드러운 생초콜릿

파베초콜릿

1인분
1시간 20분
초급

재료

다크 초콜릿 300g
생크림 150ml
버터 20g
코코아 파우더 1컵

How to

1. 다크 초콜릿은 유리나 스테인리스 볼에 넣어 중약불로 중탕하면서 고르게 저어 녹인다.
2. ①에 따뜻하게 데운 생크림을 3번에 나눠 넣고 중불에서 중탕하면서 고루 섞는다.
   COOKAT TIP 생크림을 전자레인지에 30초 정도 돌리면 쉽게 데울 수 있어요.
3. 버터는 상온에 꺼내놓고 찬기가 가시면 ②에 넣어 잘 섞는다.
   COOKAT TIP 차가운 상태의 버터를 그대로 넣으면 분리될 수 있어요.
4. 사각형 틀에 유산지를 깔고 ③을 부은 뒤 틀을 흔들고 3~4번 정도 살살 내리쳐 윗면이 고르고 평평하도록 만든 다음, 냉장고에서 1시간 이상 굳힌다.
5. 완전히 굳은 초콜릿을 원하는 크기로 자르고 그 위에 코코아 파우더를 체로 뿌려 마무리한다.
   COOKAT TIP 초콜릿을 자를 때 뜨거운 물에 칼을 30초 이상 담갔다가 물기를 닦고 자르면 깨끗하게 자를 수 있어요.

혀끝에 감도는 폭신함, 코끝에 감도는 바닐라 향
홈메이드 마시멜로

2인분
2시간 30분
초급

재료

설탕 300g
물엿 240g
물 130ml
판젤라틴 10장(10g)
바닐라 익스트랙 1작은술

도구

사각틀 1개

How to

1 작은 냄비에 분량의 물, 물엿, 설탕을 붓고 중불로 끓이다가 가운데 부분까지 팔팔 끓기 시작하면 1분간 더 끓인다.

　COOKAT TIP 이때 수저로 젓지 말고 그냥 두세요. 또 너무 오래 끓이면 탈 수 있으니 주의하세요.

2 젤라틴은 찬물에 담가 10분 정도 불린다.

3 불린 젤라틴은 물기를 꼭 짜고 따뜻한 물에 중탕으로 녹인다.

4 ①을 볼에 붓고 녹인 젤라틴을 5번에 걸쳐 조금씩 나누어 넣는다. 이때 핸드믹서를 고속으로 설정해 단단한 뿔이 올라올 때까지 휘핑한 후 바닐라 익스트랙을 넣고 고루 섞는다.

5 슈거파우더를 체에 쳐서 사각형 틀에 고르게 뿌린 뒤, ④를 붓고 바닥에 3~4번 정도 살살 내리쳐 윗면을 평평하게 만든다.

6 냉장고에서 2시간 정도 굳힌 후 완성된 마시멜로를 2×2cm 크기로 썬다.

　COOKAT TIP 마시멜로의 겉면을 약불에 연갈색이 나도록 살짝 익히면 좀 더 고소한 맛을 즐길 수 있어요.

디저트

쫄깃하고 말랑한 찹쌀떡 속에 숨은 녹차 초콜릿
말차모찌

1인분
30분 이하
중급

재료

찹쌀가루 100g
설탕 50g
녹차 초콜릿 6조각
말차가루 1작은술
소금 1작은술
뜨거운 물 100ml

마무리
덧가루용 전분가루 ½컵
말차가루 ½컵

How to

1. 체에 친 찹쌀가루, 설탕, 말차가루, 소금을 볼에 넣고 고무주걱으로 잘 섞는다.
2. ①에 뜨거울 물을 조금씩 넣어가며 반죽한 후, 랩을 씌워 전자레인지에 2분간 돌린다.
3. 전자레인지에 돌린 반죽이 균일하게 섞이도록 주걱으로 치댄다.
4. 도마에 덧가루를 뿌리고, 반죽 표면에도 덧가루를 고루 묻힌 후 3등분한다.
5. 반죽 1덩이에 녹차 초콜릿을 2조각씩 넣고 동그랗게 말아 굴린다.
6. 떡 표면에 말차가루를 둥글려 묻혀 완성한다.

쫄깃하고 말랑한 찹쌀떡 속에 숨은 생초콜릿

초코모찌

1인분
30분 이하
중급

재료

찹쌀가루 100g
설탕 50g
파베 초콜릿 6조각
소금 1작은술
뜨거운 물 100ml

마무리

덧가루용 전분가루 ½컵
초코 파우더 ½컵

How to

1. 체에 친 찹쌀가루, 설탕, 소금을 볼에 넣고 고무주걱으로 잘 섞는다.
2. ①에 뜨거울 물을 조금씩 넣어가며 반죽한 후, 랩을 씌워 전자레인지에 2분간 돌린다.
3. 전자레인지에 돌린 반죽이 균일하게 섞이도록 주걱으로 치댄다.
4. 도마에 덧가루를 뿌리고, 반죽 표면에도 덧가루를 고루 묻힌 다음 3등분한다.
5. 반죽 1덩이에 파베 초콜릿을 2조각씩 넣고 동그랗게 말아 굴린다.
6. 떡 표면에 초코 파우더를 고루 묻혀 완성한다.

녹차 스프레드에 찍어 먹으면 더 달콤해
녹차인절미

1인분
35분
초급

재료

찹쌀가루 180g
뜨거운 물 10큰술
설탕 1큰술
녹차가루 1큰술
식용유 1작은술
소금 약간

마무리

녹차가루 5큰술
녹차 스프레드 적당량

도구

10×10cm 사각틀

How to

1 찹쌀가루와 녹차가루는 체에 친다.
2 ①에 소금과 설탕을 넣고 고루 섞은 후, 뜨거운 물을 조금씩 넣어가며 가루가 뭉칠 정도로 익반죽한다.
3 반죽을 뭉친 다음 손으로 3등분한다. 면포를 올린 뜨거운 찜기에 반죽을 올리고 약 20분간 찐다.
4 비닐봉지에 식용유를 넣어 비빈 후, ③의 떡을 넣고 잘 엉겨 붙을 때까지 치댄다.
5 10×10cm 크기의 사각형 그릇에 식용유를 고루 바르고 ④의 떡을 담아 모양을 잡는다.
6 마른 도마에 녹차가루를 뿌리고 ⑤를 뒤집어서 꺼낸 후, 칼날에 식용유를 묻혀 먹기 좋은 크기로 썬다.
7 떡 위에 녹차가루를 체로 내려 골고루 묻히고, 나무 꼬치에 꽂아 완성한다.

COOKAT TIP 녹차 스프레드에 찍어 먹으면 더욱 맛있어요.

디저트

백앙금, 팥앙금, 간장 소스로 맛을 낸 일본식 찹쌀경단 꼬치
당고

2인분
40분
초급

재료

당고
찹쌀가루 160g
뜨거운 물 90ml
설탕 2큰술
소금 ½작은술

간장 소스
물 4큰술
흑설탕 3큰술
미림 3큰술
간장 1큰술
옥수수전분 1작은술

앙금
팥앙금 150g
백앙금 150g
녹차가루 1작은술

How to

1. 찹쌀가루에 설탕과 소금을 넣고 고루 섞은 뒤, 뜨거운 물을 조금씩 넣어가며 익반죽해 3cm 크기의 경단으로 빚는다.
2. 끓는 물에 경단을 넣고 눌어 붙지 않도록 젓다가 경단이 둥둥 떠오르면 건져서 얼음물에 담가 식혀둔다.
3. 팬에 간장, 미림, 물, 흑설탕을 넣고 약불에서 저어가면서 끓이다가, 옥수수전분을 넣어 농도를 낸 뒤 살짝 끓여 간장 소스를 완성한다.
4. 백앙금에 녹차가루를 넣어가며 색을 맞춰 녹차앙금을 만든다.
5. 팥앙금과 녹차앙금은 짤주머니에 넣어 준비한다.
6. 경단을 꼬치에 끼워서 그 위에 간장 소스를 뿌리거나 녹차앙금, 팥앙금을 동그랗게 짜서 올린다.

디저트

쿠키계의 클래식! 부드러운 쿠키와 우유는 최고의 궁합

버터링쿠키

1인분
40분
초급

재료

박력분 150g
버터 100g
슈거파우더 50g
달걀 1개

How to

1. 오븐은 180℃로 예열한다.
2. 달걀은 노른자와 흰자로 분리한다.
3. 버터는 2~3시간 전에 냉장고에서 꺼내놓고, 부드러워지면 물기가 없는 볼에 넣고 핸드믹서로 섞어 부드럽게 만든다.
   - **COOKAT TIP** 처음에는 중속으로 부드럽게 풀어준 다음 고속으로 2~3분 정도 돌려요.
4. 슈거파우더를 체에 쳐 내리고 중속으로 고루 섞은 후, 달걀노른자를 넣고 중속으로 섞는다.
   - **COOKAT TIP** 노른자보다 흰자를 먼저 넣으면 분리될 수 있으니 순서를 꼭 지키세요.
5. ④에 달걀흰자 1개를 2번에 나누어 넣은 뒤 중속으로 섞는다.
   - **COOKAT TIP** 흰자를 한꺼번에 넣으면 분리될 수 있으니 꼭 2번에 나누어 넣어요.
6. 박력분을 체에 쳐서 내리고 고무주걱으로 고루 섞는다.
7. 오븐팬에 유산지를 깔고, 반죽을 짤주머니에 담아 다양한 깍지를 이용해 여러 모양으로 짠다.
8. 오븐에서 약 20분간 구워 완성한다.

디저트

실패하지 않는 맛집 찾기!

하늘 아래 음식점도 많고 카페도 많은데 괜찮은 집 찾기는 하늘의 별따기다.
TV에 나온 곳이라는 말에 엄청난 웨이팅을 뚫고 먹었는데 실망스러웠던 적도 있고,
페이스북에서 유명한 곳이라는데 막상 가보니 기대에 못 미치는 곳도 수두룩하다.
물론 가는 곳마다 맛집일 수는 없겠지만 이왕 가는 곳이 맛집이라면 금상첨화!
맛집 적중률을 높이기 위한 쿠캣 채널운영팀의 SNS 활용 방법을 공개한다.

페이스북에서 발견 후 인스타그램으로 재검색!

요즘에는 페이스북을 열기만 하면 맛있는 음식들이 줄줄이 나온다. 치즈 가득한 피자부터 육즙 가득한 삼겹살까지, 보자마자 그곳이 어디인지 궁금하고 찾아가고 싶다. 하지만 페이스북에는 광고나 홍보성 바이럴 영상들이 많으니 더블체크는 필수! 페이스북에서 맘에 드는 음식점을 발견했다면 인스타그램에서 한 번 더 검색해보자. 비교적 솔직한 후기들을 만날 수 있다.

 인스타그램의 장소 태그를 이용!

다들 해시태그를 이용하여 #이태원맛집, #홍대맛집 등을 검색해본 적이 있을 것이다. 하지만 해시태그로 맛집을 검색할 경우 맛집과는 전혀 상관없는 다이어트 광고나 바이럴 광고들이 대부분이다. 해시태그 검색보다는 인스타그램의 장소태그를 이용하기를 추천한다. 장소태그로 지역명을 검색하면 상위 9개의 게시물이 뜨는데 보통 이 중 1~2개의 게시물은 맛집 게시물이다. 실제로 최근에 이 방법을 통해 서울 시내 숨겨진 오뎅바와 식빵집을 찾아냈는데 아주 만족스러웠다. 그 누구를 데려가도 호평일색.

 초간단 레시피를 찾고 싶다면? 트위터!

만약 맛집이 아닌 간편한 레시피를 찾고 있다면 트위터를 추천한다. 트위터 검색창에 #트위터레시피로 검색하면 난생처음 보는 초간편 레시피들이 줄줄 나온다. 주로 라면이나 달걀, 통조림 등 집에 항상 있을 법한 재료들로 만들어내는 것이 트위터 레시피의 특징이기 때문에 자취생이나 혼밥족들에게 유용하다.

오늘 뭐 먹지
고민되면 펴보세요

발행일 | 초판 1쇄 2018년 11월 1일
2쇄 2018년 11월 15일

지은이 | 쿠캣

발행인 | 이상언
제작총괄 | 이정아
편집장 | 손혜린
진행 | 김기남
디자인 | 정해진(www.onmypaper.com)

레시피 개발 및 감수 | 한예진
사진 | 김윤상, 임재덕
요리 및 스타일링 | 쿠캣 푸드스타일리스트팀(강희연, 김소정, 박은희, 송우림, 안윤희, 조현연)
표지 디자인 | 조혜민
영상 캡처 | 최민구
제작 협조 | 하내경
제품 협찬 | 구정마루, 목련상점, 씨엘클레르, 올드시네마, 윤현핸즈, 키엔호, 플레이츠, 하우스라벨

발행처 | 중앙일보플러스(주)
주소 | 서울특별시 중구 통일로 86 바비엥3 4층
등록 | 2008년 1월 25일 제2014-000178호
판매 | 1588-0950
제작 | (02) 6416-3934
홈페이지 | www.joongangbooks.co.kr

ⓒ쿠캣, 2018

ISBN 978-89-278-0971-5 13590

· 이 책은 저작권법에 따라 보호받는 저작물이므로 무단 전재와 무단 복제를 금하며
책 내용의 전부 또는 일부를 이용하려면 반드시 저작권자와 중앙일보플러스(주)의 서면 동의를 받아야 합니다.
· 책값은 뒤표지에 있습니다.
· 잘못된 책은 구입처에서 바꿔 드립니다.

중앙북스는 중앙일보플러스(주)의 단행본 출판 브랜드입니다.